MUNDO DEL FIN DEL MUNDO

LUIS SEPÚLVEDA
MUNDO DEL FIN DEL MUNDO

M A X I
TUSQUETS
EDITORES

1.ª edición en colección Andanzas: marzo de 1994
8.ª edición en colección Andanzas: noviembre de 1998
1.ª edición en colección Maxi: septiembre de 2010

© Luis Sepúlveda, 1989
Publicado por acuerdo con Dr. Ray-Güde Mertin, Literarischer Agentur,
Bad Homburg, Alemania

Ilustración de la cubierta: huesos de una ballena antártica en la Isla
del Rey Jorge. Detalle de una fotografía de Colin Monteath.
© Hedgehog House, Nueva Zelanda, 1991.

Fotografía del autor: © Daniel Mordzinski

Diseño de la colección: FERRATERCAMPINSMORALES

Reservados todos los derechos de esta edición para
Tusquets Editores, S.A. - Cesare Cantù, 8 - 08023 Barcelona
www.tusquetseditores.com

ISBN: 978-84-8383-541-8
Depósito legal: B. 29.917-2010
Impresión y encuadernación: Liberdúplex, S.L.
Impreso en España

Índice

A mis amigos chilenos y argentinos
que defienden la preservación de
La Patagonia y de la Tierra del Fuego.
A su generosa hospitalidad

A los tripulantes del nuevo *Rainbow
Warrior,* nave insignia de Greenpeace

A Radio Ventisquero de Coyaique,
la voz del mundo del fin del mundo

Primera parte

«Llamadme Ismael..., llamadme Ismael...», repetí varias veces mientras esperaba en el aeropuerto de Hamburgo y sentía que una fuerza extraña otorgaba cada vez mayor peso al delgado cuadernillo del pasaje, peso que aumentaba conforme se acercaba la hora de salida.

Había atravesado el primer control y me paseaba por la sala de embarque aferrado al bolso de mano. No llevaba demasiadas cosas en él: una cámara fotográfica, una libreta de apuntes y un libro de Bruce Chatwin, *En La Patagonia*. Siempre he aborrecido a los que hacen rayas o anotaciones en los libros, pero aquél estaba lleno de subrayados y signos de exclamación que fueron en aumento luego de tres lecturas. Y pensaba leerlo por cuarta vez durante el vuelo hasta Santiago de Chile.

Siempre quise regresar a Chile. Tuve ganas, pero a la hora de la determinación pesó más el miedo, y los deseos de reencontrarme con mi hermano y los amigos que allá tengo se transformaron en una promesa en la que, de tan repetida, creí cada vez menos.

Llevaba demasiados años vagando sin rumbo fijo, y los deseos de detenerme a veces me aconsejaban un pequeño pueblo de pescadores en Creta, Ierápetras, o una apacible ciudad asturiana, Villaviciosa. Pero algún día cayó en mis manos el libro de Chatwin para devolverme a un mundo que creí olvidado y que me estaba esperando: el mundo del fin del mundo.

Luego de leer por primera vez el libro de Chatwin me entró la desesperación por volver, pero La Patagonia está más allá de las simples intenciones del viajero, y la distancia se nos muestra en su real envergadura cuando los recuerdos emergen como boyas en el agitado mar de los años más intensos.

Aeropuerto de Hamburgo. Los demás viajeros entraban y salían de la tienda libre de impuestos, ocupaban el bar, algunos se mostraban nerviosos, consultaban sus relojes como dudando de la puntualidad repetida en docenas de aparatos electrónicos. Se acercaba el momento en que abrirían las puertas de salida, y tras revisar las tarjetas de embarque un bus nos conduciría hasta el avión. Yo pensaba que regresaba al mundo del fin del mundo luego de veinticuatro años de ausencia.

Era muy joven por entonces, casi un niño, y soñaba con las aventuras que me entregarían los fundamentos de una vida alejada del tedio y del aburrimiento.

No estaba solo en mis sueños. Tenía un Tío, así, con mayúsculas. Mi Tío Pepe, más heredero del carácter indómito de mi abuela vasca que del pesimismo de mi abuelo andaluz. Mi Tío Pepe. Voluntario de las Brigadas Internacionales durante la guerra civil española. Una fotografía junto a Ernest Hemingway era el único patrimonio del que se sentía orgulloso, y no cesaba de repetirme la necesidad de descubrir el camino y echarse a andar.

De más está indicar que el Tío Pepe era la oveja negrísima de la familia, y que cuanto más crecía yo, nuestros encuentros se volvían cada vez más clandestinos.

De él recibí los primeros libros, los que me acercaron a escritores a quienes jamás he de olvidar: Julio Verne, Emilio Salgari, Jack London. De él también recibí una historia que marcó mi vida: *Moby Dick*, de Herman Melville.

Tenía catorce años cuando leí aquel libro, y dieciséis cuando no pude resistirme más a la llamada del sur.

En Chile, las vacaciones de verano duran de mediados de diciembre a mediados de marzo. Por otras lecturas supe que en los confines continentales preantárticos fondeaban varias pequeñas flotas de barcos balleneros, y ansiaba conocer a aquellos hombres a los que imaginaba herederos del capitán Ahab.

Convencer a mis padres de la necesidad de ese viaje sólo fue posible gracias a la ayuda de mi Tío Pepe, quien además me financió el pasaje hasta Puerto Montt.

Los primeros mil y tantos kilómetros del encuentro con el mundo del fin del mundo los hice en tren, hasta Puerto Montt. Allí, frente al mar, se terminan bruscamente las vías del ferrocarril. Después el país se divide en miles de islas, islotes, canales, pasos de mar, hasta las cercanías del Polo Sur y, en la parte continental, las cordilleras, los ventisqueros, los bosques impenetrables, los hielos eternos, las lagunas, los fiordos y los ríos caprichosos impiden el trazo de caminos o de vías ferroviarias.

En Puerto Montt, por gestiones de mi Tío benefactor, me aceptaron como tripulante en un barco que unía esa ciudad con Punta Arenas, en el extremo sur de La Patagonia, y con Ushuaia, la más austral del mundo en la Tierra del Fuego, trayendo y llevando mercancías y pasajeros.

El capitán del *Estrella del Sur* se llamaba Miroslav Brandovic, y era un descendiente de emigrantes yugoslavos que conoció a mi Tío durante sus correrías por España y luego con los maquis franceses. Me aceptó a bordo como pinche de cocina y apenas zarpamos recibí un afilado cuchillo y la orden de pelar un costal de papas.

El viaje duraba una semana. Eran unas mil millas las que debíamos navegar para llegar a Punta Arenas, y la nave se detenía frente a varias caletas o puertos de poco calado en Isla Grande de Chiloé, cargaba costales de papas, de cebollas, trenzas de ajos, fardos de gruesos ponchos de lana virgen, para continuar la navegación por las siempre animadas aguas de Corcovado antes de tomar la boca norte del Canal de Moraleda y avanzar en pos del Gran Fiordo de Aysén, única vía que conduce a la apacible quietud de Puerto Chacabuco.

En ese lugar protegido por cordilleras atracaba unas horas, apenas las necesarias para aprovechar el calado que concede la pleamar, y, finalizadas las faenas de carga, casi siempre de carne, iniciaba la navegación de regreso a la mar abierta.

Rumbo oeste noroeste hasta la salida del Gran Fiordo y alcanzar el Canal de Moraleda. Entonces, con rumbo norte se alejaba de las gélidas aguas de San Rafael, del ventisquero flotante, de las infortunadas embarcaciones atrapadas entre sus tentáculos de hielo muchas veces con tripulación completa.

Varias millas más al norte el *Estrella del Sur* torcía rumbo oeste, y cruzando el Archipiélago de las Guaitecas ganaba la mar abierta para seguir con la proa enfilada al sur casi en línea recta.

Creo que pelé toneladas de papas. Me despertaba a las cinco de la mañana para ayudar al panadero. Servía las mesas de la tripulación. Pelaba papas. Lavaba platos, ollas y servicios. Más papas. Desgrasaba la carne de los bifes. Más papas. Picaba cebollas para las empanadas. Vuelta a las papas. Y las pausas que los marinos aprovechaban para roncar a pierna suelta las destinaba a aprender cuanto pudiera acerca de la vida de a bordo.

Al sexto día de navegación tenía las manos llenas de callos y me sentía orgulloso. Aquel día, luego de servir el desayuno, fui llamado por el capitán Brandovic al puente de mando.

–¿Qué edad dices que tienes, grumete?

–Dieciséis. Bueno, pronto cumpliré los diecisiete, capitán.

–Bien, grumete. ¿Sabes qué es eso que brilla a babor?

–Un faro, capitán.

–No es cualquier faro. Es el Faro Pacheco. Estamos navegando frente al Grupo Evangelistas y nos preparamos para entrar al Estrecho de Magallanes. Ya tienes algo para contarle a tus nietos, grumete. ¡Un cuarto a babor y a media máquina! –ordenó el capitán Brandovic olvidándose de mi presencia.

Tenía dieciséis años y me sentía dichoso. Bajé a la cocina para seguir pelando papas, pero me encontré con una agradable sorpresa: el cocinero había cambiado el menú y por lo tanto no me necesitaba.

Me pasé el día entero en cubierta. Pese a estar en pleno verano, el viento del Pacífico calaba hasta los huesos, y, bien arropado con un poncho chilote, miré pasar los grupos de islas en nuestra navegación rumbo este sureste.

Conocía al dedillo aquellos nombres sugerentes de aventuras: Isla Cóndor, Isla Parker, Maldición de Drake, Puerto Misericordia, Isla Desolación, Isla Providencia, Peñón del Ahorcado...

Al mediodía el capitán y los oficiales se hicieron servir el almuerzo en el puente de mando. Comieron de pie sin dejar de mirar en momento alguno la carta de navegación, los instrumentos, y dialogando con la sala de máquinas en un lenguaje de cifras que sólo ellos comprendían.

Servía el café cuando el capitán se fijó de nuevo en mí:

–¿Qué diablos hacías helándote en cubierta, grumete? ¿Te quieres agarrar una pulmonía?

–Miraba el estrecho, capitán.

–Quédate aquí y lo verás mejor. Ahora empieza la parte jodida del viaje, grumete. Vamos a tomar el estrecho en el mejor sentido de la palabra. Mira. A babor tenemos la costa de la Península de Córdoba. Está bordeada de arrecifes filudos como dientes de tiburón. Y a estribor el panorama tampoco es mejor. Ahí tenemos la costa sureste de Isla Desolación. Arrecifes mortales y, como si no bastara, en pocas millas toparemos con las correntadas del Canal Abra, que trae toda la fuerza de la mar abierta. Ese condenado canal estuvo a punto de terminar con la suerte de Hernando de Magallanes. Grumete, puedes quedarte pero en boca cerrada no entran moscas. No la abras sin antes haber visto el Faro de Ulloa.

El *Estrella del Sur* navegaba a la mínima potencia de sus máquinas, y a eso de las siete de la tarde vimos los haces de plata del Faro de Ulloa centelleando en el horizonte de babor. Ahí se ensancha el Estrecho de Magallanes. La navegación se hizo más rápida y los hombres se volvieron menos tensos.

A las once de la noche los chorros de luz del faro de Cabo Froward bañaron el barco con una caricia de bienvenida, el capitán Brandovic dio la orden de poner la proa con rumbo norte, y el cocinero me reclamó para servir a la tripulación hambrienta.

Luego de fregar platos y trastos subí a cubierta. El cielo diáfano se veía tan bajo que daban ganas de estirar un brazo y tocar las estrellas. Y las luces de la ciudad se adivinaban también muy cercanas.

Punta Arenas se levanta en la costa oeste de la Península de Brunswick. En esa parte el Estrecho de Magallanes tiene unas veinte millas de ancho. Al otro lado empieza la Tierra del Fuego, y un poco más al sur, las aguas de Bahía Inútil forman en el estrecho una laguna de unas setenta millas de ancho.

Al día siguiente terminó el viaje de ida. Serví el último desayuno, y el capitán Brandovic se despidió de mí recordándome la fecha del regreso, en seis semanas. Me ofreció su mano fuerte de marino y un sobre con el que no contaba. En él había varios billetes. Toda una fortuna para un chico de dieciséis años.

–Muchas gracias, capitán.

–Nada que agradecer, grumete. El cocinero asegura que jamás tuvo mejor ayudante a bordo.

Estaba en Punta Arenas, tenía las manos encallecidas y en los bolsillos el primer dinero ganado trabajando. Luego de vagabundear unas horas por la ciudad busqué la casa de los Brito, también conocidos de mi Tío Pepe, quienes me recibieron con los brazos abiertos.

Los Brito eran una pareja sin hijos y conocían la zona como la palma de sus manos. La mujer, Elena, daba clases de inglés en un instituto, y el hombre, don Félix, combinaba sus actividades de locutor de radio con investigaciones sobre biología marina. Al saber de mi interés por los balleneros, don Félix se sintió aludido y de inmediato me invitó a mirar fotografías y algunos cuadros pintados por su abuelo, un marino bretón que

21

llegó muy joven a la Tierra del Fuego y nunca quiso abandonarla.

La casa de los Brito, como la mayoría de las construcciones australes, era de madera. La espaciosa sala estaba provista de una chimenea de piedra que encendíamos por las tardes, y el ambiente acogedor invitaba a permanecer en silencio, escuchando el murmullo de la mar cercana. Así pasé los primeros cuatro días frente a la Tierra del Fuego. Por las mañanas subíamos al Land Rover y tomábamos la carretera que une Punta Arenas con Fuerte Bulnes por el sur, y al atardecer nos sentábamos frente a la chimenea. Entonces don Félix me hablaba de las ballenas y de los balleneros.

Contaba historias interesantes y sabía narrar muy bien. Pero yo no quería oír; quería vivir.

En algún momento, don Félix percibió que mi cabeza estaba muy alejada de aquel agradable lugar y, cerrando el álbum de fotografías, me habló:

—Parece que tienes muy metido el bicho de embarcarte en un ballenero. Contra eso no se puede hacer nada. En fin. Lo primero que debes hacer es pasar al otro lado del estrecho, a Porvenir. En esta época los pocos balleneros que quedan están en la mar, pero sé que en Puerto Nuevo fondea un amigo mío con su barco en reparaciones. Es un hombre difícil, pero si te acepta, muchacho, entonces tendrás tu soñada aventura.

3

A la mañana siguiente crucé el estrecho a bordo de un lanchón atiborrado de bombonas de gas. Puerto Nuevo está a unos cien kilómetros al sureste de Porvenir, y me planté a esperar un vehículo en la carretera que une Porvenir con San Sebastián, poblado fronterizo con la parte argentina de la Tierra del Fuego.

Tuve suerte, pues a la media hora se detuvo un *jeep* del Ministerio de Agricultura. En él viajaban unos veterinarios que se mostraron encantados de conocer a un chico que patiperreaba tan lejos de Santiago. La carretera de ripio corría paralela a la costa norte de Bahía Inútil, y a eso de las tres de la tarde me dejaron en Puerto Nuevo.

El lugar lo formaban unas veinte casas alineadas en una calle que terminaba en la mar. Tenía que buscar un barco, el *Evangelista,* y a su patrón, Antonio Garaicochea, más conocido como «el Vasco».

En el muelle de atraque encontré varias embarcaciones de calado pequeño, pero el *Evangelista* no se veía por ninguna parte. Temiendo que hubiese zarpado me acerqué a un grupo de hombres que calafateaban una nave.

–¿A quién dice que busca, chiporrito?

–A don Antonio Garaicochea. Al patrón del *Evangelista*. Me dijeron que estaba con el barco en reparaciones.

–Ah, el Vasco. Salieron a dar una vuelta de prueba. Ya estarán que vuelven –dijo uno de los hombres, y todos reanudaron el calafate.

No quise permanecer en el muelle porque me molestaban las miradas divertidas de los hombres y también porque sentía hambre. Caminé por entre la doble fila de casas de madera buscando un almacén. De pronto, al pasar frente a una puerta abierta, un irresistible aroma de cebollas fritas me detuvo. Alcé la cabeza y vi el letrero pintado sobre una tabla: PENSIÓN FUEGUINA. El aroma terminó por empujarme, y era la primera vez que entraba solo a un restaurante.

El lugar estaba vacío. Ningún parroquiano ocupaba las mesas que, ordenadas en dos filas, terminaban en un mesón adornado con lámparas de aceite y flores artificiales. Tomé asiento frente a una de las mesas y esperé a que me atendieran.

Del fondo del local apareció una mujer; se me acercó con expresión de asombro.

–¿Qué quiere, jovencito?

–Algo de comer. Estoy con el puro desayuno.

–Si quiere le hago un pancito con quesito.

–¿No podría ser algo caliente? Sale un olor tan

rico de la cocina. Y puedo pagar, señora. No se preocupe por eso.

–Es que no puedo atender a menores de edad. Si llegan los carabineros, me ponen una tremenda multa.

Me paré de mala gana. Ser menor de edad era a veces como una maldición. Debí de poner tal cara que conmoví a la mujer y me llamó antes de llegar a la puerta.

–Espere, jovencito. Le voy a servir un pedacito de corderito con cebollitas y papitas.

El «pedacito» resultó ser media pierna de cordero asada, y yo comí a cuatro carrillos disfrutando de la aventura. Pensaba en mis amigos de Santiago y en sus aburridas vacaciones veraniegas, siempre iguales, siempre lo mismo: un mes en las playas de Cartagena o Valparaíso, paseos por la tarde y mucha crema para aliviar las quemaduras. Yo sí que tendría para contar a mi regreso. No entraba las dos semanas de viaje y ya tenía experiencia marinera, callos en las manos, había cruzado el Estrecho de Magallanes, había ganado dinero y me encontraba cerca del fin del mundo devorando media pierna de cordero. Una voz grave me sacó de los felices pensamientos. Pertenecía a uno de los dos carabineros que se acercaban con pasos abarcasenderos, característicos de quienes acaban de bajarse del caballo.

–¿Qué está haciendo aquí, joven? –preguntó el de mayor graduación.

Tragué rápido antes de responder.

–Espero a don Antonio Garaicochea. Vengo de Punta Arenas con un recado para él. En el muelle me dijeron que salió a probar su barco, y como sentí hambre entré aquí a comer...

–Usted no es de por aquí, paisanito. Habla demasiado. ¿No será por casualidad un fugado de la casa? ¿De dónde es usted?

–De Santiago.

Mi respuesta sobresaltó al carabinero que hacía las preguntas.

–A ver, ¿tiene carné de identidad?

Lo tenía, y nuevecito. Se lo entregué junto al plastificado permiso notarial que firmaran mis padres. El carabinero leyó moviendo los labios.

Luego de las formalidades de nombres y domicilios el permiso decía: «Y en nuestra condición de padres legítimos y responsables legales del portador, declaramos que viaja por el sur del territorio nacional con nuestra autorización y consentimiento. Este permiso caduca el 10 de marzo de...».

–Patiperro el hombre. ¿Qué le parece, cabo? Santiaguino el paisano. Esto es lindo. Me alegra saber que todavía hay chilenos que quieren conocer su país. ¿Cómo está el corderito? –consultó amistoso el carabinero al tiempo que me devolvía los documentos.

–Rico –alcancé a responder, y en ese preciso momento dos hombres ingresaron al local. Eran dos individuos altísimos, y corpulentos por añadidura. Dos auténticos roperos de tres cuerpos, como dicen los santiaguinos.

–Hablando del rey de Roma –saludó un carabinero.

–Vasco, el paisanito aquí dice que lo anda buscando.

El aludido se quitó la boina grande como una sartén y me miró lentamente, de arriba abajo. Enseguida miró al acompañante y encogió los hombros.

–Aquí estamos –murmuró el Vasco, y moviendo un índice me llamó a su lado.

No me gustó nada el primer contacto y pensé que iba a ser difícil hablarle de mis deseos con los carabineros encima. Por fortuna los uniformados dieron por terminada la misión y salieron del local hasta sus cabalgaduras.

–Siéntese. Usted dirá, paisano.

–Este…, vengo de Santiago… pero pasé antes por Punta Arenas. Don Félix Brito le manda muchos saludos.

–Mire. Se agradece. ¿No quiere tomar algo?

–Gracias. Una limo… –no alcancé a terminar la palabra porque el acompañante del Vasco gritó hacia la cocina:

–¡Ña Emilia! ¡Un litro de chicha fortacha pá nosotros y un vasito de la dulcecita pal paisanito!

Los diminutivos tan usados en el sur de Chile sonaban verdaderamente diminutos en los labios de aquel hombre enorme.

La mujer llegó con el pedido y tuve otra inolvidable primera vez en ese viaje. Probé el zumo dulcísimo de las manzanas fueguinas, frutos pequeños, de piel dura para proteger la blanca pulpa de los mordiscos crueles de los vientos polares. Manzanos plantados por emigrantes de quién sabe dónde, de frutos feos con su coloración café desteñido, pero de sabor inigualable.

–Salucita –dijo el acompañante levantando su vaso. Se llamaba don Pancho Armendia y era socio, compadre, segundo de a bordo, arponero y el mejor amigo del Vasco.

Los hombres empezaron a dar cuenta de dos medias piernas de cordero, y me sentía incómodo con el vaso en la mano, bebiendo a sorbitos la chicha de manzanas.

–Así que me lo manda don Félix. Mire. ¿Y qué se le ofrece, paisanito?

Ésa era *la* pregunta. Desde antes de salir de Santiago tenía preparado el discurso que pensaba soltarle al primer ballenero que encontrara, pero, sentado allí, frente a los dos hombres que comían en silencio, no encontraba las palabras.

–Que me lleven con ustedes. Por un tiempo corto. Por un viaje nada más.

El Vasco y don Pancho se miraron.

–Lo que hacemos no es juego, paisanito. Es trabajo duro. Y más que duro a veces.

–Lo sé. Tengo experiencia en la mar. Bueno. No mucha.

–¿Y cuántos años tiene, si se puede saber?

–Dieciséis. Pero voy para los diecisiete.

–Mire. ¿Y no va a la escuela?

–Sí. Estoy aquí aprovechando las vacaciones de verano.

–Mire. ¿Y de dónde tiene experiencia?

–Navegué en el *Estrella del Sur.* Bueno. Hice el viaje como pinche de cocina entre Puerto Montt y Punta Arenas.

–Mire. Así que conoce al polaco.

–¿Al capitán Brandovic? Creo que su apellido es yugoslavo.

–A todos los que se llaman terminados en «ki» o en «ich» les decimos polacos por acá –me informó don Pancho.

La conversación, si es que cabe darle tal nombre, siguió en un tono que me pareció desganado y sin futuro. Veía esfumarse mis ilusiones mientras los dos hombres comían y cada cierto tiempo formulaban una nueva pregunta. Empecé a odiar los «mire» que don Antonio Garaicochea soltaba como una ineludible muletilla. En eso entró un grupo de hombres al local. Eran los mismos que viera antes entregados al calafate, y con sus voces amistosas empezaron a disputarme la atención del Vasco y de don Pancho.

–¿Y qué sabe hacer, paisanito?

Ésa era otra doña pregunta. En realidad no sabía hacer mucho.

–Sé cocinar. Bueno. Un poco.

–Mire. Así que sabe cocinar.

El Vasco no me creía, y yo rogaba que no me pidiera los detalles de la preparación de algún plato. Don Pancho limpió el hueso de cordero con la punta del cuchillo y me hizo la pregunta salvadora, que sin embargo me costó responder.

–¿Y por qué quiere embarcarse en un ballenero, paisanito?

–Porque… porque… la verdad es que leí una novela. *Moby Dick*. ¿La conocen ustedes?

–Yo no. Y se me ocurre que el Vasco tampoco. No somos muy leídos por acá. ¿Y de qué trata esa novela?

En Santiago, entre mis amigos, yo tenía fama de ser un buen «contador» de películas. Eran las cinco de la tarde cuando empecé a contar, tímidamente primero, la epopeya del capitán Ahab. Los dos hombres me escuchaban en silencio, y no sólo ellos; en las otras mesas se interrumpieron las conversaciones y poco a poco los parroquianos se acercaron a la nuestra. Narraba y luchaba con mi memoria. No podía traicionarme. Los hombres entendieron que me concentraba en lo que les refería, y sin hacer ruido me renovaron varias veces el vaso de chicha de manzanas. Hablé durante dos horas. Herman Melville habrá perdonado si aquella versión de su novela tuvo algo de mi propia cosecha, pero al terminar todos los hombres mostraban semblantes pensativos, y luego de palmotearme los hombros regresaron a sus mesas.

–Moby Dick. Mire –suspiró el Vasco.

Pidieron la cuenta. Pagaron. Tuve la amarga certeza de que hasta allí llegaba mi aventura.

–Bueno. Vamos –dijo don Pancho.

–¿Yo también? ¿Me llevan?

–Claro, paisanito. Hay que aprovechar la luz para revisar los aparejos. Zarpamos mañana temprano.

4

El *Evangelista* me pareció un barco pequeño y no entendí cómo se las arreglaban para subir las ballenas a bordo. En tanto el Vasco y don Pancho se preocupaban de los arpones, de aceitar el pivote del cañoncito de proa, de comprobar la carga de papas, charqui, combustible y sal, de revisar las poleas y cuerdas que sostenían dos botes por el lado de estribor y uno más en la popa, aproveché para recorrer sus quince metros de eslora aprendiendo cuán importante es el orden entre la gente de mar.

Bajo cubierta se guardaban barriles y muchos implementos desconocidos para mí. En la parte de proa había cinco literas y un tubo para comunicarse con el castillo de mando.

Aquella noche dormí en la cabaña que compartían el Vasco y don Pancho. Antes de irnos a la cama me explicaron que ellos vivían la mayor parte del año en Porvenir, con sus familias, y que la cabaña era el domicilio de puerto.

–Don Pancho, cuéntele al paisanito para dónde vamos.

Don Pancho extendió una carta marina encima de la mesa y su dedo empezó a navegar.

–Aquí estamos ahora, en Puerto Nuevo, y zarparemos con rumbo oeste hasta alcanzar Paso Boquerón. Por ahí entraremos al Estrecho de Magallanes y navegaremos con la proa al sur hasta las cercanías de Cabo Froward. Hasta ese punto hay unas ciento treinta millas tranquilas. Cuando avistemos Cabo Froward abandonaremos el estrecho que sigue en dirección oeste noroeste. Nosotros continuaremos con rumbo sur, y al llegar frente a las costas de las islas Dawson y Aracena tomaremos la boca norte del Canal Cockburn. Treinta millas más al sur, frente a la Península de Rolando, haremos una curva de cuarenta millas con rumbo oeste noroeste para ganar la mar abierta frente a Isla Furia. Enseguida haremos otra curva rodeando Islas Camden con rumbo sureste hasta ganar Bahía Stewart de cara a Islas Gilbert. Son otras treinta millas y según la radio nos espera mar rizada. Veinte millas más al este empieza el Canal Ballenero. Ahí, en la costa norte de Isla Londonderry tenemos la factoría. Algunas millas más al este se abre el Canal Beagle, y en Bahía Cook nos estarán esperando las ballenas. Ahora descansemos, paisanito. Buenas noches.

Zarpamos con las primeras luces del alba. La tripulación del *Evangelista* la integraban, además del Vasco y don Pancho, dos marinos chilotes de muy pocas palabras y un argentino que oficiaba de electricista y cocinero. El argentino se negó rotundamente a admitirme entre sus peroles, lo que para mí fue un alivio pues no quería pasar todo el tiempo bajo cubierta, pero al mismo tiempo me sentía molesto de no tener nada que hacer. Por fortuna don Pancho me nombró «radioescucha», y mi misión consistía en permanecer en el castillo con la oreja pegada a la radio, atento a la información meteorológica.

Los dos chilotes eran bajitos pero de contexturas muy fuertes y, como me explicara el Vasco, no había mejores remeros en todos los mares antárticos.

Navegamos según lo describiera don Pancho. Al anochecer entramos al Canal Cockburn a un cuarto de máquinas. El Vasco permaneció toda la noche al timón y sólo lo dejó cuando al amanecer salimos a la mar abierta.

Entonces tuve otra primera vez inolvidable. Frente a Islas Camden se nos acercó un grupo de delfines dando saltos prodigiosos. Casi rozaban el barco, y los marinos chilotes reían como niños felices. El juego se prolongó durante horas. Los delfines respondían a los gritos y silbidos con mayores saltos y escoltaron al *Evangelista* hasta la entrada de Bahía Stewart.

Navegamos algunas horas por las quietas aguas del Canal Ballenero, y el Vasco ordenó detener las máquinas frente a una de las ensenadas de Isla Londonderry. Los chilotes echaron dos botes al agua, los cargaron con los barriles que antes viera bajo cubierta y se aprestaron a transportarlos hasta la construcción de madera que dominaba la ensenada. Era la factoría, y se veía rodeada de figuras que a primera vista parecían troncos petrificados.

El Vasco me invitó a bajar a tierra, y descubrí que aquellos troncos eran las osamentas de cientos de ballenas faenadas en la playa de piedras y conchuelas.

–¿Le impresiona, paisanito? Seguro que esta parte no sale en las novelas. Éste es el destino final de las ballenas. Primero las arponeamos con el cañón para tenerlas seguras, las terminamos de matar con los arpones de mano, y luego las traemos hasta la factoría, donde entran en acción los cuchillos. Todo lo aprovechable se sala y va a los barriles. Lo demás es alimento para las gaviotas y los cormoranes. ¿Quiere recorrer la isla? Hágalo, pero no vaya muy lejos. Un poco más al sur encontrará colonias de focas y elefantes marinos.

No tuve que caminar demasiado para llegar hasta los animales. Varios cientos de focas, elefantes marinos, pingüinos y cormoranes ocupaban la fortaleza de rocas que bordeaba la mar. Apenas me olieron levantaron las cabezas, y los bigotes de las focas se agitaban tal vez tratando de descifrar mis intenciones.

Sentí que me observaban atentamente con sus

ojos pequeños y oscuros, pero enseguida decidieron que era inofensivo y volvieron a su eterna actividad de vigías del horizonte.

Pasada una hora dejamos la factoría y el *Evangelista* puso proa al este, rumbo a la entrada del Canal Beagle. A estribor teníamos Isla O'Brian y a babor Londonderry. Hechas las primeras dos millas, el paso se cerró como un embudo, y el Vasco maniobraba el timón con toques delicados estirando su estatura para no perder ni un milímetro de aquel horizonte mezquino. Fue una navegación tensa hasta que un suspiro de alivio escapó de sus labios al divisar la costa de Isla Darwin. Cuatro horas tardó el *Evangelista* en hacer siete millas de pesadilla. Don Pancho tomó el timón y puso proa al sur. Nos acercábamos a Bahía Cook y a las ballenas.

Don Pancho me explicó que a escasas treinta millas más al sur, frente a Islas Christmas, solían aparear ballenas bobas, pero que esas aguas eran peligrosísimas por causa de las corrientes y de los traicioneros bloques de hielo. Me contó de algunos barcos desdichados que fueron atrapados por las corrientes y que agotaron el combustible tratando de salir de ellas. Al final, quedaron a la deriva y fueron arrastrados hacia el sureste, hacia Islas Henderson y el Falso Cabo de Hornos, donde terminaron destrozados por los arrecifes.

–Y aunque estemos en verano, no se puede nadar en esas aguas. El cuerpo humano no soporta cinco minutos sin sucumbir al choque por enfriamiento –terminó don Pancho.

Las aguas de Bahía Cook se mostraban apacibles. Una tenue bruma se levantaba de la superficie y confundía los contornos de las islas. La embarcación casi no se mecía al avanzar, y a una orden del Vasco uno de los chilotes trepó al mástil. A siete metros de altura se ató a él por la cintura y no pasó demasiado tiempo hasta que escuchamos su aviso:

–¡Soplando a estribor, a un cuarto de milla!

Don Pancho corrió hasta el cañoncito de proa y metió el arpón por la boca. Enseguida cortó las amarras que aseguraban el rollo de cuerda, una de cuyas puntas se anudaba a una argolla del arpón y la otra a la base del cañón, y se plantó con las piernas bien separadas esperando el momento de disparar.

Me acerqué al Vasco que escudriñaba la mar con movimientos felinos.

–¡Ahí está, paisanito! ¡Es una calderón!

Lo primero que vi fue la nube de agua pulverizada de su respiración, y enseguida la monumental cola del animal zambulléndose.

–¿Don Pancho? ¿La tiene entre ojos?

Don Pancho levantó una mano en señal de asentimiento. Pasaron unos minutos y la ballena emergió muy cerca de nosotros. Se dejó ver entera. Medía sus buenos ocho metros, y al verla el Vasco pegó un manotazo al timón.

–Mala pata. Es una hembra. Y, encima, preñada.

En proa, don Pancho retiraba el detonador del cañón y luego de reasegurar el rollo de cuerda se nos unió en el castillo.

Yo no entendía cómo pudieron ver el sexo del cetáceo y que estaba preñada.

–Se ve en la forma de emerger: lenta y con el cuerpo casi horizontal al tocar la superficie –apuntó el Vasco.

–¿Y no se cazan las hembras?

–No. Eso está prohibido. Nadie mata a la gallina de los huevos de oro –dijo don Pancho.

Aquel día no vimos más ballenas en Bahía Cook.

Al anochecer, el *Evangelista* echó anclas en un golfo de la Península de Cloue, y el argentino asó un cordero en la barbacoa instalada en popa. Los cormoranes y gaviotas acuatizaron junto al barco para recibir las sobras más que generosas.

Tampoco vimos ballenas en los siguientes tres días. El Vasco daba señas de mal humor a la hora de medir el combustible, pero debía mantener siempre las máquinas en marcha. Al cuarto día uno de los chilotes anunció ballena desde el mástil.

Esta vez el Vasco se cobró una presa: un cachalote.

Don Pancho lo arponeó y el animal se llevó

rápidamente los cien metros de cuerda. Al acabarse el rollo, la frenada del animal en fuga provocó un tirón que remeció el barco. Esto se repitió varias veces. El cachalote se acercaba a la embarcación para luego alejarse a gran velocidad. Tal vez ya había sido arponeado otras veces y sabía que de su rapidez dependía la posibilidad de zafarse del arpón, pero el Vasco lo seguía poniendo la nave a la misma velocidad del animal, manteniendo una distancia regular entre el cazador y la presa, impidiéndole que tensara la cuerda que los unía, hasta notar que sus maniobras evasivas se tornaban más y más débiles. Entonces, extenuado salió a la superficie y los chilotes echaron al agua uno de los botes. No me permitieron ir con ellos, pero asomado a la baranda pude ver la parte más dura de la caza.

Los chilotes tomaron los remos cortos pero de pala ancha, y el Vasco se amarró los tobillos a una argolla fija en la proa del bote. Los vi remar veloces hasta el animal. El Vasco de pie sosteniendo en sus manos el arpón de matar. Remaron hasta ponerse a un costado del cachalote y entonces el Vasco hundió el arpón en su piel oscura.

El cachalote empezó a dar violentas sacudidas. Azotaba el agua con furiosos y planos golpes de cola que de acertar hubieran destrozado el bote, mientras los chilotes demostraban su habilidad de remeros esquivando los golpes pero sin alejarse, en tanto el Vasco blandía un segundo arpón que no necesitó usar. Más tarde me diría que lo había alcanzado justo en los pulmones.

Con el cachalote atado al andamio, una plataforma desplegada a babor y paralela a la línea de flotación, emprendimos el regreso a la factoría. Don Pancho comentó que no le gustaban los ruidos de las máquinas y además la previsión meteorológica no era de las más optimistas. Nuevamente hicimos la peligrosa travesía entre las islas O'Brian y Londonderry, y al atardecer anclamos frente a la factoría.

A la mañana siguiente, dos botes remolcaron el animal hasta la playa, y ahí los chilotes lo abrieron con cuchillos semejantes a bastones de jockey. La sangre bañó las piedras y conchuelas formando oscuros ríos que enrojecieron el agua. Los cinco hombres vestían atuendos de hule negro y estaban ensangrentados de pies a cabeza. Las gaviotas, los cormoranes y otras aves marinas sobrevolaban enloquecidas por el olor a sangre, y más de una pagó la osadía de acercarse demasiado recibiendo una cuchillada que la partió en dos en pleno vuelo.

Fue una faena rápida. Una parte del cachalote terminó salada y metida en los barriles, pero el grueso del animal quedó tirado en la playa, con restos de carne adherida a los huesos que muy pronto se unirían al panorama fantasmal de Isla Londonderry.

Las máquinas del *Evangelista* estaban de verdad dañadas. El viaje de regreso a Puerto Nuevo nos llevó tres días, y los hicimos en medio de un aguacero que no cesó hasta que entramos a las aguas de Bahía Inútil.

¿Qué hacía? ¿Me quedaba un tiempo más con el Vasco y don Pancho?

Fondeamos. Descargamos los barriles y algunos aparejos. Y luego de despedirnos del argentino y de los chilotes nos fuimos a comer a la pensión Fueguina.

Cordero asado y chicha de manzanas.

—Mala suerte, paisanito —dijo el Vasco.

—Un cachalote. Sacamos apenas para los gastos —se quejó don Pancho.

—Y usted, paisanito. ¿Qué opina?

—No sé, don Antonio.

—Mire. ¿Le gustó el viaje?

—Sí. Me gustó el viaje, el barco. Me gustan ustedes, los chilotes, el argentino. Me gusta la mar, pero creo que no seré ballenero. Discúlpenme si los defraudo, pero ésa es la verdad.

—Mire. ¿No es como en la novela?

Quise agregar algo, mas el Vasco me tomó de un brazo y me miró lleno de cariño.

—Sabe, paisanito, me alegro de que no le haya gustado la caza. Cada día hay menos ballenas. Tal vez seamos los últimos balleneros de estas aguas, y está bien. Es hora de dejarlas en paz. Mi bisabuelo, mi abuelo, mi padre, todos fueron balleneros. Si yo tuviera un hijo como usted, le aconsejaría seguir otro rumbo.

42

A la mañana siguiente me acompañaron a la carretera y me subieron al camión de un conocido que viajaba a Porvenir.

Los abracé con el cariño desesperado de saber que tal vez nunca volvería a verlos.

El mundo del fin del mundo.

Una mano suave me toca y descubro que todavía estoy en Hamburgo; es una empleada de la aerolínea pidiéndome con toda amabilidad la tarjeta de embarque.

1

La única escala europea, Londres, duró cerca de tres cuartos de hora, y a continuación el avión alcanzó la altitud de crucero volando sobre el Atlántico. Eran las seis y treinta de la mañana del 20 de junio de 1988. El cielo se mostraba sin nubes, y aquel sol que seguiríamos en su desplazamiento obligaba a bajar las persianas.

Ya he señalado que este viaje fue anunciado muchas veces y siempre encontró motivos que lo postergaran. Y sin embargo en esos momentos me encontraba a bordo de una aeronave que me llevaba a Chile, luego de una decisión que tomé de manera bastante apresurada.

Con las piernas estiradas y el asiento reclinado me dispuse a reconstruir los motivos que me hicieron decir «sí, voy», apenas cuatro días atrás.

Todo había empezado el 16 de junio, poco antes del mediodía. Estaba con mis tres socios en el despacho, pero antes de seguir indicaré quiénes son mis socios y qué es el despacho.

Ellos son: una holandesa y dos alemanes, periodistas por libre, como yo, que un día se cansaron de escribir para la prensa «seria», interesada en los temas que afectan al medio ambiente solamente cuando éstos adquieren visos de escándalo. En un encuentro afortunado nos conocimos, charlamos y descubrimos que compartíamos el mismo cansancio y muchos puntos de vista en común. De esa charla nació la idea de crear una agencia de noticias alternativa, preocupada fundamentalmente por los problemas que aquejan al entorno ecológico, y por responder a las mentiras que emplean las naciones ricas para justificar el saqueo de los países pobres. Saqueo no sólo de materias primas, sino de su futuro. Tal vez sea difícil entender esto último, pero, veamos: cuando una nación rica instala un vertedero de desechos químicos o nucleares en un país pobre, está saqueando el futuro de esa comunidad humana, pues, si los desechos son, como dicen, «inofensivos», ¿por qué no instalan los vertederos en sus propios territorios?

El despacho es un cuarto de setenta metros cuadrados que alquilamos en lo que antaño fue una fábrica de tornillos. Allí tenemos cuatro escritorios, un ordenador de segunda mano conectado a un banco de datos con información relacionada con el medio ambiente, y un telefax que nos conecta con otras agencias alternativas de Holanda, España y Francia y con varias organizaciones ecologistas como Greenpeace, Comunidad o Robin Wood.

El ordenador es a veces un quinto socio y lo

apodamos «Bromuro», en homenaje al informante del detective Pepe Carvalho.

Aquella mañana analizábamos información referente a un plan del Ministerio de Industria británico, destinado a justificar y proseguir con la quema de residuos tóxicos frente al Golfo de Vizcaya.

En eso el telefax empezó a entregar un mensaje desde Chile, y ése fue el inicio de mi viaje.

2

«Puerto Montt. junio 15/1988. 17.45. Auxilia-
do por remolcadores de la Armada chilena arribó
a este puerto austral el barco factoría *Nishin Maru*
con bandera japonesa. El capitán Toshiro Tanifuji
reportó la pérdida de dieciocho tripulantes en
aguas magallánicas.

»Un número indeterminado de tripulantes
heridos son atendidos en el hospital de la Armada.

»Las autoridades chilenas han decretado censu-
ra informativa al respecto. Urgente comunicar con
organizaciones ecologistas.

»Fin.»

El mensaje lo firmaba Sarita Díaz, una chica
chilena que había pasado por Hamburgo, había
sabido de nuestro trabajo y se había ofrecido como corresponsal en la zona. Y valga indicar que es
nuestra única corresponsal en el mundo.

Lo primero que hicimos fue entregarle al ordenador los nombres del barco y del capitán japonés. Bromuro pestañeó su ojo de cíclope y se

disculpó indicando que esas informaciones le eran desconocidas.

El siguiente paso consistió en conectar a Bromuro con el banco de datos de Greenpeace. A los pocos minutos nos llegó una respuesta misteriosa:

«*Nishin Maru:* ballenero factoría construido en los astilleros de Bremen en 1974. Patente: Yokohama. Desplazamiento: 23.000 toneladas. Eslora: 86 metros. Manga: 28 metros. Cubiertas: 4. Tripulación: integrada por 117 personas entre oficiales, médico, marinos, arponeros y personal de factoría. Capitán: Toshiro Tanifuji (se autodenomina "El Depredador del Pacífico Sur"). Información de rumbo: según datos de Greenpeace-Tokio navega desde comienzos de mayo en las cercanías de Islas Mauricio.

»Fin de la información».

Bromuro tragaba y digería con rapidez los datos. Uno de nosotros comentó algo acerca de barcos fantasma, pero no pudo seguir pues lo interrumpió el teléfono.

Llamaba Arianne, la vocera de prensa de Greenpeace.

–Hola. Acabo de llegar a la oficina y me he enterado de lo de Chile. Debemos hablar ahora mismo. Dios mío, creo que estamos frente a un asunto gordo, gordísimo. ¿Vienes?

La sede de Greenpeace no está lejos del despacho. Hay que caminar un par de cuadras bordeando la costanera del Elba y se llega. Arianne me recibió con un jarra de café y hecha un atado de nervios.

–Lo consiguió, Dios mío. No sé cómo, pero lo hizo. Es terrible, terrible.

–Calma, Arianne. Calma. ¿Quién consiguió qué? ¿Y qué demonios es tan terrible? ¿Podemos ir por partes?

–Disculpa. Es que se trata de algo increíble. Trataré de decírtelo con calma, paso a paso, como quien cuenta una película. Primero te leeré un informe que mantenemos en secreto mientras planificamos acciones de denuncia. Escucha: «Santiago, 2 de mayo de 1988. El gobierno chileno concedió una licencia anual para cazar cincuenta ballenas azules, con fines científicos. El favorecido por la licencia es mantenido en secreto por las autoridades chilenas». ¿Qué te parece?

–Los japoneses, se veía venir, han colmado de regalos a los generales chilenos. Es obvio que esperaran una retribución.

–De acuerdo, prosigo: en cuanto supimos de la licencia para matar ballenas azules, que viola la moratoria impuesta en 1986 por la Comisión Ballenera Internacional, CBI, empezamos a procesar datos con miras a las acciones de denuncia. El permiso concedido por los chilenos es todavía desconocido en sus detalles; se ignora a quién se lo dieron y cuándo entra en vigor. Mientras acopiábamos toda la información posible recibimos una noticia que nos aseguró tiempo. Te he preparado una carpeta con un informe del biólogo marino canadiense Farley Mowat, uno de los que más saben de ballenas. En su informe dice que en este tiempo es casi imposible un desplazamiento de ballenas azules hacia el noroeste del círculo polar antártico. Las previsiones meteorológicas auguran una temprana llegada del invierno en la Antártica. A mitad de junio el mar de Weddel será impenetrable hasta para los rompehielos, y sólo un par de animales retrasados o enfermos se atreverían a avanzar hacia Islas Shetlands. Del informe de Mowat se desprende que hasta octubre próximo no habrá ballenas azules en aguas jurisdiccionales chilenas. Saber esto nos tranquilizó pues permite preparar mejor las acciones, pero, ahora viene el pero que me pone nerviosa, el 28 de mayo recién pasado recibimos una misteriosa llamada telefónica desde Chile. Un hombre que se expresó en un inglés de marino, ya sabes de qué hablo, corto y preciso, nos sorprendió diciendo que en el Golfo de Corcovado, ciento cincuenta millas al sur de Puerto Montt, estaba el *Nishin Maru* con tripulación completa. También sabes que el *Nishin Maru* es un viejo conocido nuestro...

3

Greenpeace y el *Nishin Maru* se conocieron en diciembre de 1987, y entre ellos no se dio precisamente una relación de amor.

Ese año, los japoneses se valieron de curiosas «ausencias» a la hora de votar, en un pleno de la Comisión Ballenera Internacional, CBI, y consiguieron de manera sorpresiva una autorización para matar en aguas antárticas trescientas ballenas enanas con «fines científicos».

La legislación internacional autoriza a matar sólo dos ballenas de esta especie al año, y con fines probadamente científicos. Pero desde la moratoria de 1986 ningún consorcio ballenero ha podido demostrar el interés científico de la matanza, ni tampoco los resultados que se esperan de ella.

En cuanto obtuvieron la autorización fraudulenta, los tripulantes del *Nishin Maru* pusieron proa hacia la Antártica, y todo parecía indicar que nada ni nadie conseguiría impedir el exterminio de animales en franco peligro de extinción.

Para suerte de todos, esto no era exacto, pues, apenas el capitán Toshiro Tanifuji dio la orden de levar anclas, las hormigas del movimiento ecologista comenzaron a movilizarse, y así, la mañana del 21 de diciembre de 1987, cuatro veloces zódiacs que navegaban bajo la bandera del Arco Iris bloquearon la salida del muelle Mitsubishi, en Yokohama, con una ballena inflable de tamaño real.

El capitán Tanifuji pensó que le sería fácil arremeter contra el cetáceo de hule y proseguir el rumbo, pero las zódiacs navegaban envolviendo el barco con sus rápidos movimientos de avispas acuáticas, impidiéndole las maniobras de desatraque y cualquier intento de desplazamiento, a no ser que el marino nipón se atreviera a pasar sobre las embarcaciones.

Se trataba de ganar tiempo. Las zódiacs mareaban al coloso nipón en Yokohama, mientras en las capitales europeas los activistas de Greenpeace lograban ser recibidos por los gobernantes y obtenían la revisión del permiso concedido.

La acción duró casi treinta horas. Las zódiacs se turnaban para repostar combustible y los tripulantes bebían grog a la rápida. A las tres de la tarde del 22 de diciembre se había ganado la batalla pacíficamente: la Comisión Ballenera Internacional, CBI, anulaba el permiso, y recomendaba a Japón respetar la moratoria de 1986.

Un buen amigo neozelandés, Bruce Adams, estuvo allí, y me contó cómo, con las manos agarrotadas de frío, enfiló la zódiac hasta la baranda de estribor del *Nishin Maru* y pidió hablar con el capitán.

Toshiro Tanifuji se asomó.

–Perdió la batalla, capitán. Queremos decirle que denunciaremos cualquier intento por zarpar hacia la Antártica como una violación de las leyes internacionales de protección marina.

Tanifuji respondió megáfono en mano.

–Han cometido un acto ilegal. Impedir una maniobra naval autorizada es casi un acto de piratería. He podido pasar por encima de vuestros botes. Era mi derecho. Esa bandera que enarbolan no los protege. El Arco Iris me gusta verlo en el cielo. Les advierto: la próxima vez no tendré contemplaciones.

–Confiamos en que no exista una próxima vez. Y, si la hay, allí nos tendrá de nuevo. La caza de ballenas es ilegal.

–Pueden contar con que la habrá. Haré todo lo que esté a mi alcance para demostrar que la caza de ballenas es posible y lícita. Ustedes y yo tenemos algo que nos une: somos soñadores, y mi sueño es comenzar nuevamente con la caza comercial de ballenas a gran escala.

–Soñamos diferente. Nuestro sueño es: mares abiertos en los que todas las especies puedan vivir y multiplicarse en paz y armonía con las necesidades humanas.

Tanifuji hizo una seña, y desde la cubierta del *Nishin Maru* cayó una catarata de basura sobre la zódiac.

Sí. Greenpeace y el *Nishin Maru* eran viejos conocidos.

–... y se nota que es un individuo enérgico –prosiguió Arianne–. Cuando le dije que según nuestras informaciones el *Nishin Maru* se encontraba muy lejos de las costas chilenas, respondió que eso no era más que una humareda para despistar. Por último intenté tranquilizarlo citándole el informe de Mowat, pero me interrumpió: «También conozco las ballenas. Tanifuji ni piensa en ballenas azules ni se dispone a zarpar rumbo al círculo polar antártico. Anda tras ballenas piloto, calderón o como demonios las llamen en Europa».

Arianne me entregó más para Bromuro.

«BALLENA PILOTO, conocida también como calderón, *schwarzwal, pothead, blackfish, chaudron*. Mide entre cuatro y siete metros. Tiene dientes, de siete a doce pares en cada maxilar. Los machos son mayores que las hembras. Animales de cuerpo robusto, de cabeza pequeña y redondeada. El tiempo de gestación dura entre quince y dieciséis meses. Al nacer, las crías sobrepasan el metro y medio. Son amamantadas durante veinte meses. Se alimentan fundamentalmente de calamares. En aguas del Atlántico Norte están al borde de la extinción como consecuencia de la caza indiscriminada que practican rusos, noruegos e islandeses. Entre 1975 y 1977 se observó un éxodo de ejemplares hacia el hemisferio sur. Algunos cientos de ellas se refugian en aguas del Pacífico Sur, al norte del Estrecho de Magallanes. Son animales amistosos y confiados. Se ha detectado entre ellos un código de comunicación de más de setenta señales. Los hábitos de sobrevivencia de los ejemplares emigrados han contagiado a los del sur, y así se observa que han abandonado el tradicional hábitat del mar abierto para concentrarse en ensenadas, canales y entradas de fiordos. La Comisión Ballenera Internacional, CBI, prohíbe terminantemente su caza, y ha declarado a la *Globicephala melaena* en abierto peligro de extinción.»

Arianne sirvió más café y continuó:

–Le pregunté si disponía de antecedentes para demostrar lo que aseguraba. Me respondió: «Soy hombre de mar y huelo la podredumbre a muchas millas. ¿Van a ayudarme o no?». No supe qué decir. Apenas atiné a pedirle que se mantuviera en comunicación con nosotros. Nos pedía algo imposible. No estamos en condiciones de operar en esas regiones. Como bien sabes, nuestra flota es muy pequeña.

Arianne tenía razón una vez más.

Por ese tiempo, la organización ecologista preparaba al *Gondwana,* un barco expedicionario que zarparía rumbo a la Antártica para visitar las bases instaladas por diferentes naciones en el continente blanco, y dialogar con sus integrantes acerca de la necesidad de preservar la Antártica como un gran parque natural de patrimonio universal, y no hacer de ella el basurero nuclear o químico que ya proponen algunas naciones saturadas de veneno. Pero el *Gondwana* no estaría en condiciones de zarpar hasta fines de agosto.

El *Moby Dick* también se encontraba en reparaciones y, en cuanto abandonara el dique seco de Bremen, pondría rumbo al Atlántico Norte para impedir la caza de ballenas practicada por noruegos, suecos, daneses, islandeses, norteamericanos y rusos en embarcaciones camufladas bajo banderas de países pobres para violar las leyes internacionales con mayor impunidad.

El *Sirius* navegaba por el Mediterráneo frenando los vertidos tóxicos en sus más que castigadas aguas, evitando que ese mar padre de todas las culturas termine convertido en la gran cloaca del planeta.

El *Greenpeace* operaba frente a las costas atlánticas de Estados Unidos promoviendo una zona libre de armas y transportes nucleares, y el *Beluga,* el incansable enano fluvial, recorría las venas del viejo continente impidiendo nuevos vertidos químicos en sus ríos, en definitiva, defendiendo la vida de los mares.

Sí, era una flota pequeña frente a la magnitud de la barbarie moderna. Y además faltaba un barco; el más querido.

Faltaba el viejo *Rainbow Warrior*, la nave insignia de la flota del Arco Iris.

Quince minutos antes de la medianoche del 10 de julio de 1985, dos poderosas bombas colocadas en su casco por submarinistas del servicio secreto francés, le habían abierto mortales brechas de agua en el puerto de Auckland, en Nueva Zelanda. Y las mismas bombas asesinaron al ecologista portugués Fernando Pereira, que se encontraba a bordo.

El viejo *Rainbow Warrior* libró muchas batallas pacíficas en aguas del sur, desnudando la irracionalidad de las pruebas nucleares francesas en el atolón de Muroroa, y sucumbió víctima de un odioso acto terrorista aprobado por el gobierno galo.

No hay nada más hermoso que un velero surcando los mares en silencio, y en ese mismo silencio, en diciembre de 1985, amigos venidos de todo el mundo remolcaron al dormido *Rainbow Warrior* hasta la ensenada de Mataurí, frente a las costas neozelandesas, y en una ceremonia maorí lo dejaron viajar hasta las profundidades marinas, hasta la cala abismal y necesaria para que se uniera a la vida por la que luchó.

–«Si no pueden ayudarme, entonces tendré que actuar solo.» Ésas fueron sus palabras finales –concluyó Arianne.

–Una especie de vengador marino. ¿Qué más sabes de él?

–Lo olvidaba. Se llama Jorge Nilssen y habló también de un barco, el *Finisterre*. Lo mencionó poniéndolo a nuestro servicio. ¿Qué podemos hacer?

–Esperar, Arianne. No se me ocurre otra cosa.

–Algo me dice que todo esto es cierto. Dios mío, dieciocho tripulantes desaparecidos. Algo horrendo se esconde en esta historia.

Arianne seguía en lo cierto. Lo poco que sabíamos apestaba, pero así ocurre siempre con los hechos de interés.

5

Dejé la sede de Greenpeace inquieto por causas que no atinaba a explicarme y decidí caminar un poco por el puerto antes de regresar al despacho. Jorge Nilssen. *Finisterre*. Hermoso nombre para una embarcación aventurera. Mis pies caminaban por Hamburgo, pero los pensamientos me llevaban hastas las frías aguas australes. Me vi en medio del oleaje embravecido, zarandeado por la mar en uno de sus días de humor pésimo, y en el horizonte, interrumpido por los lomos de las olas, vi a un hombre llamado Jorge Nilssen enfrentándose solo al enorme barco japonés. Quise gritarle, advertirle que el barco lo arrollaría, pero el hombre se dio la vuelta y me habló con las palabras de Lautréamont que siempre quise leer o poner en los labios de un corsario:

«Dime, pues, si tú eres la morada del Príncipe de las Tinieblas. Dímelo, Océano (a mí sólo, para que no se entristezcan quienes todavía no han tenido más que ilusiones), y si el soplo de Satán crea las tempestades que alzan tus aguas saladas hasta las nubes, tienes que decírmelo, porque me regocijaría saber que el infierno está tan cerca del hombre».

Regresé al despacho, y luego de un breve intercambio de opiniones decidimos que el caso lo dirigía yo.

Estaba molesto de tener tan poca información, y el cable que recibimos a las ocho de la tarde aumentó el malestar.

«Tokio. Junio 16, 1988. Barco factoría *Nishin Maru* navega rumbo puerto de Tamatave en Madagascar. Información obtenida en la capitanía de puerto de Yokohama.

»Greenpeace, Tokio. Fin.»

Condenado barco fantasma que podía estar en dos partes al mismo tiempo. Bromuro tragó la información recién llegada, y luego puso el ojo en blanco, como diciendo: ¿y qué quieres que haga con esto?

A medianoche el café empezó a producirme asco y abrí una ventana del despacho. El aire estaba fresco y frente a mí pasaban las sucias aguas del Elba. De pronto, al otro lado del río, en el dique de los chatarreros, se encendieron unos reflectores y un remolcador se acercó jalando un ruinoso navío que empezaría de inmediato a ser desguazado. Tomé los binoculares y enfoqué el barco en su viaje final. En popa, todavía podía leerse su nombre: *Lázaro*. Un poco más abajo, unas letras escamoteadas por la corrosión indicaban el último puerto-patria: Santos.

Los barcos que navegan al desguace son siempre una visión dolorosa. Tienen algo de animales gigantescos y heridos camino del cementerio. Todavía pendían unas hilachas de bandera brasileña en la popa del *Lázaro,* y supuse que la historia de ese ruinoso navío era similar a muchas otras que escuchara en Hamburgo.

Cuando los años y la mar hacen de las naves pura escoria flotante, los armadores los retiran de las líneas de navegación y los venden generalmente a capitanes viejos que se niegan a vivir en tierra. Entonces dejan de ser el carguero tal, o el granelero tal, y se transforman en *tramp steamers,* vagabundos de los puertos, que navegan bajo las banderas más pobres, con tripulación reducida, y consiguen contratos a bajo precio para llevar carga sin hacer preguntas respecto de su naturaleza, y sin importarles el destino.

Sin dudas el *Lázaro* era un *tramp steamer* que no resistió la última inspección técnica en Hamburgo, y no le permitieron remontar el Elba para ganar el Delta de Cuxhaven considerándolo un riesgo para la navegación. El capitán debió de haberse visto enfrentado al dilema de, o pagar los altos costos de una reparación imposible, o mandarlo a desguace.

El destino del *Lázaro* me sobresaltó. Sentí que una débil lucecilla se encendía en mi mollera y corrí hasta la agenda de teléfonos. Busqué el número de Charly Cuevas, un puertorriqueño también desencantado de la prensa seria.

–¿Charly? Disculpa que te llame a estas horas, pero tengo que hacerte una consulta.

–Adelante. Recién comienzo a atender consultas.

–Hace muy poco tiempo leí un artículo tuyo sobre los chatarreros de Timor. «Los buitres de Ocussi» creo que se titula, y en él escribes sobre los desguazadores peor pagados del planeta. ¿Tienes más apuntes, datos, lo que sea?

–Me alegra saber que tengo lectores fieles. ¿Qué diablos quieres saber?

–No lo sé. Pero tengo un presentimiento que me quita el sueño. ¿Tienes por casualidad información sobre los barcos que han ido a desguace en los últimos años?

–Una lista enorme. Dame el nombre y la bandera.

–*Nishin Maru*, Japón.

Charly me pidió paciencia. Lo sentí tecleando en su ordenador y muy pronto estuvo de nuevo al teléfono.

–En efecto. Lo tengo. *Nishin Maru*, barco factoría dedicado a la caza y procesamiento industrial de ballenas. Construido en Bremen en 1974. Patente de Yokohama. A estas alturas sus restos deben de ser cafeteras o tostadoras de pan porque lo desguazaron en enero pasado.

–¿Estás seguro?

–En este mundo nadie puede estar seguro de nada. Los datos que poseo los robé de las oficinas de la compañía chatarrera Timor Metal Corporation. La cosa funciona así: las navieras dicen que tienen bañeras que no pueden seguir flotando, piden turno en Ocussi, llevan el barco y los, ¿cómo se llaman los habitantes de Timor?, ¿timoratos? No importa. Ellos lo despedazan en tiempo récord y la naviera recibe un certificado de defunción, además del cincuenta por ciento del valor de los metales.

–Espera un momento. ¿Existe algún mecanismo para comprobar que un barco desguazado es efectivamente el que navegaba bajo un nombre y bandera determinados?

–¿Te has doctorado en ingenuidad, o qué? Si una naviera manda a Timor una bañera y les dice que se trata del *Titanic*, recibirá a cambio un documento que detalla cuántas toneladas de metal aprovechable había en el *Titanic*. Es un país tan pobre que ni siquiera puede darse el lujo de tener dudas.

–Charly, esa Timor Metal, ¿a quién pertenece?

–Un momento. Déjame ver. Aquí lo tengo. El accionista mayor es un consorcio japonés dedicado a productos del mar.

Cómo apestaba todo aquello.

Los japoneses habían descubierto un método

para cazar ballenas ilegalmente. Con toda seguridad el *Nishin Maru* navegaba rumbo a Madagascar, pero ése era el *Nishin Maru II*. La otra nave, camuflada bajo el certificado de desguace entregado por las autoridades de Timor, podía navegar por los mares australes con la impunidad de un barco fantasma.

Quise llamar de inmediato a Arianne, mas al parecer nos funcionó la telepatía porque el teléfono sonó en ese momento.

–Qué bueno que estás ahí todavía. Acaba de llamar el vengador marino y lo hará de nuevo. Ven.

6

Arianne me recibió con una jarra de café que retiró discreta luego de verme la cara, y un magnetófono.

–Conecté el teléfono al aparato. Así que puedes escuchar con fidelidad y sacar tus propias conclusiones –dijo mientras abría una botella de agua mineral.

Eché a correr la cinta, el diálogo estaba en inglés y, sin darme cuenta, por una porfiada manía del oficio, tomé nota de la conversación.

Nilssen: ¿Aló? ¿Greenpeace? Aquí habla Jorge Nilssen desde Chile.

Arianne: Le escucho. ¿Qué pasó? Sabemos de dieciocho marinos desaparecidos.

Nilssen: Veo que las noticias vuelan. ¿Cómo lo supieron? Es igual. Sí. Desaparecieron dieciocho tripulantes y el *Nishin Maru* estuvo a punto de zozobrar.

Arianne: Es terrible. Como quiera que lo haya hecho, sepa que ésos no son nuestros métodos de acción. Condenamos toda forma de violencia.

¿No piensa en las consecuencias que puede traernos si nos relacionan con lo ocurrido?

Nilssen: Créame que soy el primero en lamentar la suerte de los tripulantes. También soy hombre de mar, pero no pude hacer nada por impedirlo. Si hay un responsable de la tragedia es el capitán Tanifuji. No se preocupe. Lo sucedido no se sabrá nunca. Los japoneses taparán la boca de los sobrevivientes con algunos miles de dólares y, si de pronto, en el futuro, alguno se decide a hablar de ello, lo tomarán por un demente.

Arianne: Dígame, ¿qué le pasó al *Nishin Maru?*

Nilssen: No me creería. También me tomaría por un loco. Lo que ocurrió sólo puede verse, por poco tiempo, mientras duren los vestigios de la tragedia. No alcanzan las palabras para contarlo. Venga usted o algunos de sus colegas. Con mucho gusto les mostraré mis mares.

Arianne: Señor Nilssen, tenemos interés en saber lo ocurrido. ¿Tiene otra manera de comunicarse con nosotros? ¿Prefiere hacerlo con un periodista de habla española que está al tanto de los hechos?

Nilssen: No podré agregarle nada nuevo. Pero, está bien. Volveré a llamar en tres horas. Hasta entonces.

Se terminó la grabación. La voz de Nilssen no permitía definir su edad, pero tenía un tono tan seguro como apesadumbrado.

–¿Qué te parece? -preguntó Arianne.

–Quiero hablar con él. Confío en que llamará de nuevo.

–No sé qué pensar de todo esto. Según la filial de Tokio, el *Nishin Maru* se acerca a Madagascar.

–Sí. Pero no se trata de nuestro *Nishin Maru*.

Le entregué toda mi información y llegamos a las mismas conclusiones.

–De tal manera que botan un nuevo barco factoría, lo bautizan con el mismo nombre del antiguo, anuncian y comprueban, documentos en mano, que éste ya no existe pues fue desguazado en Timor, y los mecanismos de control ballenero creen que sólo cuentan con un *Nishin Maru* mientras el barco inexistente saquea los mares a su antojo. Cuántos sobornos deben de pagar en los puertos donde atracan para no ser vistos ni registrados en los libros de capitanía. Si logramos reunir pruebas, destaparemos el escándalo del siglo. Lástima que no tengamos más que un testigo.

–Dos, Arianne. Tenemos a dos testigos.

–Nilssen no mencionó a nadie.

–Pero yo sí: Sarita Díaz, la corresponsal que nos envió el télex. Ella vio al *Nishin Maru*.

7

Es muy vago lo que recuerdo de Puerto Montt. Siempre fue el lugar donde bajaba del tren para empezar realmente los viajes al sur. Pero recuerdos fragmentarios me bastaron para ver a Sarita caminando por el molo azotado por el oleaje y el viento. En mi profesión, uno desarrolla unas invisibles antenas de langosta. De pronto funcionaron y sentí que Sarita estaba en peligro. Tomé el teléfono y marqué la larga serie de números que me conectó con Chile.

Mientras esperaba calculé la diferencia de horas. En Hamburgo eran casi las dos de la madrugada del 17 de junio. En Chile pronto serían las nueve de la noche del día anterior y, como en Puerto Montt la gente acostumbra a recogerse temprano, tal vez encontraría a Sarita en su casa.

Atendió una voz de mujer que inmediatamente fue reemplazada por otra de hombre.

–¿Quién habla?

–Soy un amigo de Sarita y hablo desde Alemania. ¿Puedo hablar con ella?

–¡Dejen en paz a mi hija! –contestó el hombre y cortó la comunicación.

Me quedé con el teléfono en la mano, pensando que los acontecimientos tomaban un cariz que cada vez me gustaba menos.

Recordé a Sarita a su paso por Hamburgo.

«Entonces, ¿me aceptan como corresponsal?»

«No podemos pagarte. No por el momento.»

«No importa. Lo único que pido es que no me dejen sola en el fin del mundo...»

Sarita estaba en dificultades. No podía precisar en cuáles, pero los que se atreven a mover un barco cuya matrícula es un certificado de defunción no se andan con miramientos.

Faltaba más o menos una hora para la llamada de Nilssen. Llamé a mis socios y quedamos en reunirnos en el despacho a las cinco de la madrugada. El resto del tiempo lo ocupé pensando en los japoneses.

8

Los japoneses. A veces es bien difícil no caer en el pozo de la intolerancia, y cuando esto ocurre uno empieza a generalizar, a meter a todos los habitantes de un país en un mismo saco.

En Japón hay una fuerte presencia ecologista, y los amigos nipones realizan su trabajo jugándose muchas veces la vida, porque los depredadores del mundo no son partidarios del diálogo ni de los razonamientos legales, y cuando los aceptan, es para utilizarlos como atenuantes en las demandas judiciales.

Hay que señalar que no son solamente los depredadores japoneses los que practican el juego de la doble moral que caracteriza a un mundo regido por la ética del mercado. Japón es uno de los siete países más ricos del planeta y un interlocutor fundamental; a veces hasta da la impresión de ser una nación con patente de corso. Por ejemplo: todos los países de Europa, Estados Unidos, la Unión Soviética y la mayoría de los Estados africanos condenan la caza del elefante y reconocen el peligro de extinción en que se encuentran los gigantes grises de África. Pero ningún país condena a Japón, el gran incentivador de la caza y el mayor comprador de marfil del planeta. De más está señalar que controla el mercado y que es el principal proveedor de marfil de Europa, Estados Unidos y la Unión Soviética. ¿Y para qué sirve el marfil? Toda su utilidad se limita a la fabricación de unos pocos artículos de lujo; con toda seguridad podemos afirmar que el talento de una Paloma O'Shea o de un Claudio Arrau no se verá disminuido al sentarse frente a pianos cuyo teclado no sea de marfil, y continuarán con sus formidables interpretaciones de Mozart o Scarlatti sin que para ello haya que exterminar animales de seis u ocho toneladas, de los cuales se obtienen cuarenta miserables kilos de marfil.

Pero el deterioro ecológico, el asesinato diario del planeta, no se ciñe sólo a las matanzas de ballenas o elefantes. Una visión irracional de la ciencia y el progreso se encarga de legitimar los crímenes, y pareciera ser que la única herencia del género humano es la locura. Volvamos a las ballenas. ¿Con qué fin se las mata? ¿Para saciar el tedio gastronómico de un puñado de ricos horteras? La importancia de las ballenas en la industria cosmética es asunto del pasado. Lo que se invierte en obtener un litro de grasa de ballena es la misma cantidad que, invertida en fomentar la producción de grasa vegetal en un país pobre, obtendría veinte litros de aceite similar. Y pensar que todavía hay voceros de un pretendido modernismo que encuentran tribuna en los periódicos europeos para descalificar las medidas de protección de la naturaleza tildándolas de «ecolatrías», e intentan elevar el discurso del necio que quema su casa para calentarse a la categoría de una nueva ética. «Desprecio lo que ignoro» es el lema de curiosos filósofos de la destrucción.

Jorge Nilssen fue puntual con su llamada.

–No. No puedo decirle por teléfono lo que pasó. Si de verdad tiene interés por conocer los hechos, venga. Lo invito a navegar por mis mares. Mi barco, el *Finisterre,* está a su disposición.

–Es un viaje demasiado largo. Usted se encuentra al otro lado del mundo. Dígame su número y lo llamo de vuelta. Así no tendrá que preocuparse por el valor de la llamada y podremos hablar sin límite de tiempo.

–Le llamo desde una pequeña central y es una suerte que podamos comunicamos. Si no me equivoco, usted es chileno.

–Sí. Nací allá.

–No se preocupe. Pasan cosas peores en la vida. ¿Viene o no?

–Escuche, señor Nilssen. Le daré el número de una periodista en Puerto Montt…

–¿Sara Díaz?

–¿La conoce?

–No. Y me temo que debo ser yo quien le dé una mala noticia. Por la mañana supe del asalto a una periodista. Le echaron un auto encima cuando salía de un laboratorio fotográfico. Le robaron algo. No sé qué, pero supongo que debe de ser la misma niña que vi anteayer por la noche haciendo fotos del *Nishin Maru* en el astillero de la Armada. Pobre niña. Está hospitalizada con fracturas múltiples. ¿Viene?

Sentí que la olla se destapaba y el hedor lo inundaba todo sin detenerse en las distancias. Sarita pagaba el precio de informar y no podíamos dejarla abandonada.

–Sí. Parto en cuanto pueda. ¿Cómo me pongo en contacto con usted?

–Con calma. No se preocupe por la niña. Me encargaré de llevarla a un lugar seguro. Le espero entre el 19 y el 23 de junio. Vuelva hasta Santiago, ahí encontrará un billete a su nombre que lo llevará a Puerto Montt, luego vaya hasta Caleta San Rafael, frente a Isla Calbuco, y busque el *Pájaro loco,* un lanchón canalero. Ahí lo estaré esperando.

Lo demás ocurrió rápido. Mis socios aprobaron de inmediato el viaje. Greenpeace se interesó oficialmente por investigar lo ocurrido, y al día siguiente estaba en posesión de un pasaje.

En el aeropuerto, mi hijo mayor me encargó una caracola grande «para escuchar tu mar», y Arianne me entregó una insignia de la organización. Enseñaba la cola de una ballena entrando al agua.

–Bienvenido al Arco Iris y buena suerte.

Una mano me sacude gentilmente por un hombro. Es la azafata y me pregunta si también deseo audífonos.

–¿Audífonos?

–Para la película.

–¿Qué película? Disculpe, estoy medio dormido.

–*Piratas*, de Roman Polanski –me informa con la mejor de sus sonrisas.

Sí. Allá voy. A tu encuentro, mundo del fin del mundo. Y no sé lo que me espera.

Tercera parte

1

Al anochecer del martes 21 de junio un avión de la Línea Aérea Nacional me dejó en Puerto Montt. Llevaba en el cuerpo el cansancio de más de treinta horas de vuelo. Hamburgo-Londres-Nueva York-Bogotá-Quito-Lima-Santiago.

Durante el vuelo pensé largamente en ese viaje de regreso a Chile, que siempre había aplazado, frenado por el temor de encontrar un país que traicionara el que tenía en la memoria. El paisito noble y bueno del primer amor, el territorio inolvidable de la infancia.

Soy uno de los tantos que conocieron la cárcel y huyeron del horror para reunir fuerzas en la tierra de nadie del exilio, pero el mundo nos saludó con la bofetada de una realidad desconocida.

La barbarie militar criolla no era diferente de otras barbaries uniformadas, y lentamente descubrimos que nuestros pequeños sueños eran egoístas. Nos habíamos autoconvencido de nuestra capacidad para derrotar a los enemigos de la justicia convocándolos a luchar en un territorio que suponíamos dominar, pero en el fondo, y por comodidad, dejábamos que ellos continuaran fijando las reglas del juego.

Al cabo de un largo, molesto y doloroso tiempo, el exilio, transformado en una especie de beca de estudios, nos permitió entender que la lucha contra los enemigos de la humanidad se libra en todo el planeta, que no requiere ni héroes ni mesías, y que parte defendiendo el más fundamental de los derechos: el Derecho a la Vida.

Santiago de Chile. Era feliz en Hamburgo, pero siempre pensaba en el reencuentro con Santiago. Recordaba esa ciudad como a una novia, y temía encontrarla convertida en una ancianita senil, renegando del paso de los años.

No tuve tiempo para averiguar en qué estado se encontraba, pues el billete encargado por Jorge Nilssen apenas me dejó una pausa de media hora antes de continuar vuelo hacia el sur. Tan sólo divisé su cordillera cansada, esos «símbolos de invierno» que canta Silvio Rodríguez, y el velo de smog que la cubre como a una viuda.

Llegué a Puerto Montt con el invierno. En cuanto bajé del avión pude sentir el saludo gélido del Pacífico. La temperatura se elevaba unos miserables grados sobre cero y la brisa mordía la cara. Con el cuerpo amenazando con declararse totalmente convertido en gelatina, y evitando la tentación de acercarme a saber de Sarita, subí al taxi Land Rover que me llevó a San Rafael.

En la caleta recalaban unos doce lanchones, de

tal manera que no necesité buscar demasiado para dar con el *Pájaro loco*. Un hombre fumaba en cubierta, al verme saltó a tierra y de inmediato supe que era Jorge Nilssen.

Una crecida cabellera canosa impedía calcular su edad, lo vi caminar los pocos metros que nos separaban con ese andar de pelícano característico de los marinos con muchas millas a la espalda, navegantes que todavía es posible ver en algunos puertos de Europa y que tripulan barcos de banderas pobres, Panamá o Liberia. No bajan a menudo a tierra y parecen llevar en sus cuerpos el vaivén de los barcos. Quedan pocos ejemplares de esta novelesca marinería. Las tripulaciones actuales están compuestas por oficiales expertos en informática y por marinos jóvenes que no ven en la mar más que una situación transitoria. La paga no es de las mejores y la modernización de los puertos acabó con la esperanza de ver un poco de mundo. Los hombres han dado la espalda al embrujo de los océanos.

Al llegar frente a frente, se detuvo con las piernas abiertas y me alargó una mano.

–Capitán Jorge Nilssen. ¿Qué tal el viaje?

–De eso podemos hablar luego. ¿Qué sabe de Sarita?

–Tranquilo. No fue tan grave como pensé. Tiene una pierna y dos costillas rotas, pero se pondrá bien. De momento se recupera en un lugar seguro. Sabe de su viaje y muy pronto podrá verla, pero no de inmediato. Esperaremos a que se calmen un poco las aguas. Venga conmigo. Le he reservado un cuarto en una pensión de confianza.

Caminamos en silencio. En medio de uno de esos silencios que son la mejor forma de comunicación.

¿Qué hacen dos perros al conocerse? No dicen una sola palabra, ni ladran, ni gimen. Simplemente se huelen el culo y al final deciden si confían o no en el otro. Eso hicimos, y al llegar a la pensión sabíamos que la confianza tendía un puente entre nosotros.

Estaba agotado, pero no quise perderme una cena con los mejores mariscos del mundo. La fresca chicha de manzanas y el vino pipeño, áspero y rudo como esos parajes, lograron reconciliarme con mi cuerpo. Luego de cenar, el aroma de la leña ardiendo en la salamandra invitaba a la conversación.

–¿Mucho tiempo por el mundo? –preguntó Nilssen.

–Desde el 75. ¿Debo decirle capitán? Le consulto porque así se presentó usted.

–Es la fuerza de la costumbre. Los isleños me llaman capitán, créame que no me disgusta. Pero si me dijeran: «Mi capitán», otro viento soplaría. Puede llamarme como guste.

–¿Qué le pasó al *Nishin Maru*?

–Tenga paciencia. Lo sabrá todo. Lo verá todo. Hay ciertas cosas que no pueden contarse. No basta el lenguaje para hablar de la mar.

–Entonces dígame al menos quién es usted.

–Un bastardo de la mar.

–No me basta, capitán. Mi viaje es una prueba de absoluta confianza en usted, estoy en sus manos, y tanto a los de Greenpeace como a mí nos gusta conocer a nuestros interlocutores.

–Me pide algo bastante difícil. Soy un individuo de pocas palabras y jamás he pensado en cómo apretar mi biografía. ¿No sabe que los viejos estamos llenos de olvidos?

–Y yo estoy lleno de curiosidad, capitán. No he viajado veinte mil kilómetros para cenar con un desconocido.

–Conforme. Ya que usted insiste. Le advierto que será la primera vez que hable de mí mismo. Acérquese más al fuego. ¿Tomó alguna vez orujo del más noble, del guarapón de curtiduría? Lo fermentan con un pellejo de vaca en el barril. Voy a buscar un par de copas.

2

Su nombre original fue Jörg Nilssen. Tal como se llamaran su abuelo y su padre, un aventurero danés que en 1910 se aventuró por las aguas magallánicas sin otra compañía que un gato y la esperanza de descubrir un paso de mar al noroeste de Isla Desolación. Un paso que permitiera salir al Pacífico abierto luego de cruzar el estrecho, y que evitara a los navegantes la peligrosa travesía que conduce hasta Puerto Misericordia. El viejo Nilssen no encontró el ansiado paso, pero sí muchos otros más al norte enriqueciendo las cartas de navegación australes. La mala fortuna del viejo Nilssen fue no pertenecer a ninguna Armada o cuerpo expedicionario acreditado, de tal manera que sus descubrimientos siempre le fueron escamoteados y su nombre no aparece relacionado con ninguno de ellos.

«El pago de Chile» llaman los chilenos a esa forma de gratitud y reconocimiento. Pero el viejo Nilssen no sólo encontró el anonimato, sino también el amor de una isleña que fue su compañera durante muchos breves veranos y largos inviernos patagónicos, hasta que el ineludible abrazo de la muerte se llevó a la mujer, y él ya no tuvo otra compañía que la del hijo nacido en la mar y acunado por el oleaje. Para prolongar una senda de navegaciones que había empezado un siglo antes en las frías aguas de Kattegat, llamó al crío Jörg, mas un burócrata chileno con problemas de dicción lo castellanizó en Jorge.

–Y se preguntará por qué no menciono el nombre de mi madre. Muy sencillo: no tenía. Mi madre era ona, una de las últimas sobrevivientes de aquella raza de gigantes que, mucho antes de la llegada de Magallanes, cruzaron miles de veces el estrecho en embarcaciones construidas con pieles de lobo marino y velámenes de corteza vegetal. Mi padre la llamó: «Mujer», y yo no alcancé a darle otro nombre pues murió a los pocos meses de mi nacimiento, en 1920. Él duró otros veinte años y, fiel a la memoria de su compañera, no buscó a otra mujer ni abandonó la navegación por los canales.

»Lo poco que sé de ella me lo refirió en las largas noches invernales, protegidos en los fiordos que se adentran en el continente. Mi madre temía desembarcar. En cuanto se acercaban a cualquier puerto o caleta se encerraba bajo la cubierta del cúter a temblar y lloriquear como un animal herido. Y tenía sus buenas razones para ello: era ona, y al igual que los yaganes, patagones y alacalufes, sufrió la persecución de los ganaderos ingleses, escoceses, rusos, alemanes y criollos que se asentaron en La Patagonia y en la Tierra del Fuego. Mi madre fue víctima y testigo de uno de los grandes genocidios de la historia moderna. Hacendados que hoy son venerados como paladines del progreso en Santiago y Buenos Aires practicaron la caza del indio, pagando primero onzas de plata por cada par de orejas y luego por testículos, senos y finalmente por cada cabeza de yagán, ona, patagón o alacalufe que les llevaran a sus estancias.

»Curiosa raza la de los onas. Lo poco que se sabe de ellos es que hasta la llegada de los europeos vivían de la caza del guanaco y de la recolección de moluscos en las playas. Con huesos de lobo marino y de ballenas fabricaban anzuelos, puntas de flechas y otras herramientas que luego cambiaban a los yaganes o alacalufes por pequeñas embarcaciones que les permitían cruzar el estrecho. Así vivieron durante siglos, hasta que los europeos empezaron a expulsarlos de sus tierras de cacerías, y junto con ellos a sus dioses, que habitaban en la oscuridad de los bosques. Dicen que los dioses de los onas eran gordos, flojos y pacíficos. Una leyenda cuenta que, cuando los europeos les arrebataron los bosques, construyeron una gran barca, una suerte de arca para salvar a sus dioses, pero como no tenían experiencia de constructores navales y sus divinidades eran gordas, la barca naufragó en medio del estrecho. Así, al empezar el exterminio de indios, los onas no tenían dioses protectores, y los europeos y los criollos los vieron construir pésimas embarcaciones con pieles y cortezas, intentaron rescatar a sus dioses del fondo de la mar, o tal vez quisieron vivir con ellos en su nueva morada. No se sabe ni se sabrá jamás, pero hay muchas leyendas al respecto.

»Para escapar a la masacre, muchos de ellos se hicieron nómadas de la mar, pero en sus embarcaciones tampoco estuvieron a salvo. La caza del indio se transformó en un deporte para los ganaderos, y así aparecieron las primeras lanchas de vapor por los canales. No les bastó con expulsarlos de la tierra firme. Con la quema de millones de hectáreas de bosque ya los habían condenado a desaparecer, pero no les bastó. Tenían que exterminarlos a todos, uno por uno. ¿Escuchó alguna vez hablar del tiro al pichón helado? Ése era el deporte de los ganaderos, de los Mac Iver, de los Olavarría, de los Beauchef, de los Brautigam, de los Von Flack, de los Spencer, y consistía en subir a una familia entera de indios sobre un trozo de hielo flotante, sobre un iceberg. Entonces venían los disparos, primero a las piernas, luego a los brazos, y se cruzaban apuestas respecto a cuál de ellos sería el último en ahogarse o morir por congelación.

»A la muerte de mi padre yo era un hombre acostumbrado a la soledad y desconfiaba del mundo.

»Fue un buen hombre mi padre. Entre nosotros nos comunicábamos en un dialecto danés del Kattegat. Aprendí a leerlo y a escribirlo con el primer libro que tuve en las manos: el cuaderno de bitácora del *Fiona,* el velero que lo trajo desde Escandinavia. Más tarde, las autoridades marítimas chilenas nos obligaron a navegar bajo pabellón nacional, y para llevar la bitácora del *Paso del Ona* tuve que aprender castellano.

»El *Paso del Ona* era un cúter de quilla baja que mi padre compró luego de que una tormenta destrozara el *Fiona* contra los arrecifes de Punta Diego. En el Paso *del Ona* nací y hasta ahora lo siento como lo más cercano a la idea de una patria. Pero ese barco ya no existe. Al morir mi padre hice lo que debía: respetando sus costumbres y sus mitos, até el cuerpo al timón y lo hundí en las aguas profundas del Golfo de Penas. Tal vez en el fondo de la mar se reencontrara con su "Mujer". Quién sabe.

»Me quedé sin otra compañía que una vieja a la que visitaba en la costa oeste de Isla Van der Meule, la entrada del Canal de Messier. Ella no sabía castellano, ni danés, no sabía ningún idioma. Tan sólo canturreaba en ona cuando se olvidaba de mi presencia y, al advertir que estaba frente a ella, entonces callaba. Así pasábamos días enteros. Tampoco tenía nombre.

»Por ese tiempo, le hablo de 1942, yo vivía en una cabaña construida por mi padre y que todavía resiste los vientos de la costa noreste de Isla

Serrano, separada de la Van der Meule por la milla y media del Canal de Messier. No era un náufrago, pero estaba solo. Era el único habitante de Isla Serrano, y no miento al decir que prefería hablar con los delfines a hacerlo con la vieja ona de enfrente. Por lo menos los delfines me respondían, en cambio la pobre abuela ahogaba sus palabras en un miedo más denso que la niebla fueguina. Pero cada vez que el tiempo lo permitía cruzaba el canal en un pequeño bote a vela, panga y foque nada más, para verla y estar con ella.

»Un día no la encontré. Las cenizas de su fogata estaban todavía livianas y en las proximidades descubrí huellas de loberos. Se había marchado arrastrando sus años y sus miedos. Supe que nunca más la vería y que nada me ataba a esos rumbos.

»Muchos años más tarde me enteré de su muerte y de que ella fue la última ona. El fin de una raza de fugitivos por los mares más hostiles del mundo. Recuerdo que leí sobre su muerte en un periódico de Punta Arenas. Unos expedicionarios franceses la encontraron navegando a la deriva frente a Isla Desolación, a la salida al Pacífico del Estrecho de Magallanes. Se le habían roto los remos de su pequeña embarcación, que milagrosamente resistía el oleaje sin volcarse. Los franceses la subieron a bordo de su barco, la examinaron, le calcularon unos noventa años de edad y la declararon loca, pues al menor descuido intentaba saltar por la borda y subir de nuevo a su embarcación. Para calmarla le inyectaron un sedante y ése fue su fin. No estaba loca. Los dioses ona viven en la mar y ella los buscó hasta la llegada de los intrusos.

»En fin. Llegué a Punta Arenas y me hice a la mar como tripulante del *Magallanes,* luego pasé al *Tomé,* al *San Esteban,* barcos que cargaban maderos, carne y granos para la Europa en guerra. Algunos años más tarde, en Santander, cambié el rumbo y me gustó navegar por el Caribe, hasta que me tentó el Índico y el Pacífico Sur. Muroroa, Nueva Zelanda, Australia, Japón. Deambulé de barco en barco hasta que en 1980 se me achicó el horizonte. Ninguna naviera, ni siquiera liberiana, quiso contratarme como tripulante. Tenía sesenta años. Un cuerpo demasiado escorado para la alta mar. ¿Qué hacía? Jamás me sentí chileno, pero los maoríes, otra raza de navegantes, dicen que todo animal marino regresa a su ensenada de origen. Es posible que así sea, porque antes de cumplir los sesenta años empecé a tener un sueño repetido: me veía navegando por los canales del sur del mundo, y fíjese que no digo de Chile. Usted puede viajar al Beagle, y preguntarle a las focas, cormoranes y pingüinos de las islas Picton, Lenox y Nueva, si se sienten chilenos o argentinos. La soberanía es un pañuelo inventado para que los milicos se sequen las babas.

»Entendí que esos sueños eran una especie de

llamada y volví. Con los ahorros de cuarenta años a bordo depositados en un banco panameño tenía para una vejez más que aceptable en cualquier asilo de marinos, pero el sur tiraba de las cuerdas y volví.

»A fines de 1981, en Puerto Ibáñez encontré un cúter de líneas antiguas, hecho para la navegación grande, y compré el *Finisterre* hasta con peón de a bordo. De veras. Un gigantón noble como el pan, y sin otro hogar que el barco, al que llaman Pedro Chico, para diferenciarlo del padre, otro Pedro que sobrepasa los dos metros.

»Con Pedro Chico me entendí desde el primer momento, pusimos la nave a punto y nos hicimos a la mar con rumbo sur.

»En Isla Serrano encontramos la cabaña casi tal como la dejara cuarenta años atrás. Nadie habita la isla. El clima extremadamente hostil y riguroso espanta, y a veces pienso que lo más cercano al momento de la creación del mundo son esos miles de islas, islotes y peñascos. Se me antojó el mejor lugar para recalar el tiempo que me queda. El puerto propio. Y así, con Pedro Chico navegamos años enteros sin toparnos con nadie, con la vida determinada por el humor sabio de la mar. Pero nada dura.

»Empezamos a notar que los delfines se ausentaban en épocas anormales. Luego las ballenas bobas dejaron de saltar frente a los acantilados de Isla Van der Meule. El Golfo de Penas, que cada primavera vio el apareamiento de las ballenas piloto, se mostraba quieto como una olla muerta. El desastre ecológico provocado por los japoneses y sus peones del régimen militar chileno al norte del Reloncaví no nos era ajeno. Sabíamos que la desforestación masiva de las cordilleras costeñas había alejado tal vez para siempre el espectáculo de los salmones remontando los ríos para desovar. La tala del bosque nativo, de árboles tan antiguos como el hombre americano y de simples arbustos que aún no daban sombra, hizo de aquellas regiones que siempre fueron verdes lamentables paisajes en proceso de desertización, y con la tala se exterminaron las miles de variedades de insectos y animales menores que posibilitaban la vida de los ríos, pero todo aquello lo imaginábamos demasiado al norte, más de mil millas nos separaban de aquella catástrofe. "¿Qué diablos pasa en nuestra mar?", nos preguntábamos, y una mañana de verano, en 1984, tuvimos la respuesta.

»Lo que vimos nos dejó helados. ¿Sabe qué es el *Caleuche*? El barco fantasma. El Holandés Errante con otro nombre. Ni el mismo *Caleuche* nos hubiera impresionado tanto como lo que vimos frente al Golfo de Trinidad, al sur de Isla Mornington.

»Vimos un barco factoría de más de cien metros de eslora, varias cubiertas, detenido, pero con las máquinas a todo dar. Nos acercamos hasta reconocer la bandera japonesa colgando a popa. A

101

un cuarto de milla recibimos un disparo de advertencia y la orden de alejarnos. Y también vimos lo que hacía ese barco.

»Con una tubería de unos dos metros de diámetro succionaban la mar. Lo sacaban todo provocando una corriente que sentimos bajo la quilla y, tras el paso de la succionadora, la mar quedó convertida en un oscuro caldo de aguas muertas. Lo sacaban todo sin detenerse a pensar en especies prohibidas o bajo protección. Con la respiración casi paralizada de horror vimos cómo varias crías de delfines eran succionadas y desaparecían.

»Y lo más horrible de todo fue comprobar que por un desagüe asomado a popa devolvían al agua los restos no deseados de la carnicería.

»Trabajaban rápido. Esos barcos factoría son una de las monstruosidades más grandes inventadas por el hombre. No navegan tras los cardúmenes. La pesca no es su oficio. Andan tras grasa o aceite animal para la industria de los países ricos, y para conseguir sus propósitos no vacilan en asesinar los océanos.

»Durante ese mismo año, navegando por la mar abierta en las inmediaciones del Falso Cabo de Hornos, vimos otros barcos similares. Bajo bandera norteamericana, japonesa, rusa, española, y todos hacían exactamente lo mismo.

»Pasamos un mal invierno aquel año. Me encontraba tan desolado como enfurecido, y llegué a pensar en cargar con explosivos el *Finisterre* y lanzarme a todo trapo contra el próximo barco aspiradora. Pasamos un invierno pésimo.

»Ante la mirada extrañada de Pedro Chico manipulaba la radio de onda corta en busca de un consejo. No sabe cuánto queremos la radio los marinos. Es como la voz de Dios acordándose a veces de nosotros. Así, con la esperanza a punto de irse a pique, di por fin con un noticiero alentador: Radio Nederland informaba acerca de una acción de Greenpeace en el Mediterráneo. Impedían el uso de la barra filipina, otra descarada forma de asesinar el fondo marino empleada por los coraleros. Recuerdo que salté abrazando a Pedro Chico. ¡No estamos solos, Pedro! ¡No somos los únicos que queremos salvar la mar! Y entonces tuve una de las sorpresas más grandes de mi vida; Pedro Chico, que es hombre de muy pocas palabras, me habló con una seriedad desconocida.

»–Patrón, voy a confiarle un secreto. Voy a romper un juramento. Usted sabe que soy alacalufe y que para nosotros jurar sobre las piedras del fogón es sagrado. Patrón, yo sé dónde se esconden las ballenas calderón.

»Y me hizo partícipe del secreto.

»Por eso, en cuanto vimos al *Nishin Maru* frente al Golfo de Corcovado viajamos a Isla Grande de Chiloé para contactar con los de Greenpeace. Qué lástima que estén tan lejos. Pero le ganamos la batalla a los japoneses sin más ayuda que la mar. Amor y odio. Vida y muerte. Secreto y revelación.

Todo al mismo tiempo y sin edades. Eso es la mar...

Un largo silencio siguió a las palabras del marino. El crepitar del fuego parecía prolongarlo e invitaba a quedarse así.

–No sé qué decir. No sé por dónde empezar.

–Digamos buenas noches. Yo también estoy cansado.

–De acuerdo. Buenas noches, capitán Nilssen.

3

Al día siguiente el capitán Nilssen me sacó de la cama con las primeras luces del alba. En el comedor nos esperaba una generosa cafetera y pan recién horneado. Adivinando mis pensamientos se apresuró a informarme de Sarita.

–Progresa. Naturalmente sufre los dolores de toda fractura, pero es una niña fuerte. Como bien sabe, estamos en territorio de brujos y éstos le avisaron de su llegada. Le manda saludos desde su lugar de reposo, y esta nota. Tenga.

En una hoja escrita con letra temblorosa, Sarita decía que, luego de ver al *Nishin Maru* en el astillero de la Armada, decidió fotografiarlo y al parecer no tomó las debidas precauciones para hacerlo. Llevó los rollos de película al laboratorio fotográfico de un amigo y, al salir con las fotos, dos desconocidos le echaron un auto encima. Apenas pudo verles las caras, pero estaba segura de que se trataba de chilenos. Le arrebataron el material y la dejaron tirada en la calle. Sarita me agradecía el haber dispuesto que la llevaran a un lugar seguro, pues en el hospital la amenazaron de muerte si abría la boca.

Ella ignoraba que todo era obra de Nilssen y preferí no hacer preguntas al respecto. Confiaba en Nilssen, y confiar en alguien es uno de los mejores sentimientos que uno puede albergar.

–¿Qué haremos ahora, capitán?

–Con el *Pájaro loco* saldremos hacia el norte para que pueda ver el *Nishin Maru,* y luego al sur, al encuentro del *Finisterre*.

El *Pájaro loco* era un lanchón de quilla plana, capaz de volar a ras del agua impulsado por dos poderosos motores diesel. Lo que se llama un barco de «matuteros», de contrabandistas de los mares australes. Lo tripulaban don Checho, hombre parco de palabras, y un peón de a bordo apodado «el Socio», que más tarde me dio lecciones de alta cocina navegando a cuarenta nudos y con olas de un metro.

Zarpamos con rumbo noreste bordeando Isla de Calbuco y a la media hora de navegación entramos a Seno del Reloncaví. Puerto Montt se perfiló en el horizonte norte, y un leve golpe de timón antes de pasar frente al molo militar nos permitió ganar las inmediaciones del astillero de la Armada.

Sí. Era el *Nishin Maru*. Lo comparé con una foto que llevaba. Era el mismo *Nishin Maru* que Greenpeace había bloqueado en el puerto de Yokohama. Presentaba la banda de babor muy averiada, como si hubiese sufrido numerosas colisiones, y un enjambre de obreros se daba de lleno a las tareas de reparación.

–¿Contra qué diablos chocó?

–Contra la mar. Como puede ver, se encuentra muy lejos de Isla Mauricio.

–Este barco, sí. Pero el *Nishin Maru II* navega en efecto por esos rumbos. –Y referí al capitán Nilssen todo lo que averiguamos respecto a los falsos desguaces que permiten la navegación ilegal.

–Vaya, ¿quién dijo que se había acabado la piratería? Bueno. Lo ha visto y sabe que es verdad. Ahora le queda por ver lo mejor. Don Checho, rumbo sur y a toda máquina.

El *Pájaro loco* viró ciento ochenta grados y emprendió el rumbo sur abriendo una ancha herida de espuma en el oleaje.

–Es mejor que bajemos a hacerle compañía al Socio. Este viento hace tajos en la cara, pero antes quiero que vea algo interesante. ¿Sabe qué es eso?

El capitán Nilssen indicó un monte de color amarillo anaranjado que se elevaba junto al puerto. Varios camiones y *bulldozers* se movían subiendo por sus costados. En la cumbre se veían algunas grúas.

–Un monte. Sé que sonará raro, pero no recuerdo ningún monte junto al puerto.

–No es raro. Es un monte nuevo y no nació de ninguna irrupción subterránea. Es un monte de astillas. Uno de los muchos montes de astillas que decoran desde hace cinco años el litoral del sur chileno. Así terminan los bosques, maderas nobles, arbustos, todo termina hecho astillas y se embarca para Japón. Materia prima para la industria del papel. Algunos dicen que es el precio que debemos pagar por el placer de leer, pero no es cierto. Saquear el bosque nativo es mucho más rentable que invertir en proyectos forestales.

La visión de aquel monte de astillas provocaba heridas mucho más lacerantes que las que el viento amenazaba con abrir en la cara.

Nos acomodamos bajo cubierta en una suerte de cabina que no permitía estar de pie y, mientras Nilssen abría una carta de navegación, el Socio nos pormenorizó los detalles del estofado de cordero que nos serviría al mediodía. Cada cierto tiempo subía al castillo, consultaba algo con don Checho y regresaba a majar condimentos en el mortero.

–Entramos al Golfo de Ancud. Como ve, aguas tranquilas. Si está de acuerdo, le iré adelantando algo de la historia.

–Se lo agradezco.

–De acuerdo. Como sabe, también supe de la autorización para matar ballenas azules pero no le concedí importancia. No en aquel tiempo. No a la entrada del invierno. Por eso, en cuanto vi al *Nishin Maru* frente a Corcovado, pensé en la revelación de Pedro Chico y no tuve dudas acerca de sus intenciones; andaba tras ballenas calderón. Sin embargo, algo no encajaba.

»Si los japoneses también estaban enterados del escondite de los cetáceos, es que debieron de

108

haber repostado en un puerto bien surtido y nunca tan al norte. Debieron de haber anclado en Punta Arenas, el último puerto de abrigo antes de la Antártica, y una vez repostados zarpar con rumbo norte en pos de Bahía Salvación, para navegar luego con rumbo este, hacia los fiordos. Algo no encajaba. Puerto Montt es un miserable almacén de suministros y el *Nishin Maru* ni siquiera se acercó a sus muelles. Ancló frente a Corcovado a la espera de algo importante, y con Pedro Chico nos estrujamos los sesos pensando qué sería.

»Recién lo supimos la mañana del 4 de junio. Un pequeño helicóptero biplaza sobrevoló varias veces el barco tratando de posarse en una plataforma de metal liviano instalada sobre la cubierta de popa. No consiguió hacerlo pues empezó a soplar puelche. ¿Sabe de qué le hablo?

El puelche. Al finalizar el otoño empiezan a sentirse las primeras ráfagas de los vientos provenientes del Atlántico, vientos que barren la pampa, avanzan sin encontrar barreras en las cordilleras mochas de La Patagonia argentina y, poco antes de topar con el litoral chileno, rozan las cordilleras bajas de Cuatro Pirámides y Melimoyu, contagiándose con el vaho helado de los hielos eternos. Al alcanzar la mar de cara al extremo norte del Archipiélago de las Guaitecas, chocan con los poderosos vientos que vienen del Pacífico, y cambian el curso este-oeste por uno norte, y así, siguen hasta alcanzar los golfos de Ancud y Reloncaví con ráfagas heladas que estremecen hasta las piedras. Cuando sopla puelche es mejor quedarse en casa, dicen los marinos chilotes.

–Se veía venir duro el puelche. El *Nishin Maru* levó anclas y navegó hasta Puerto Montt. Sólo ahí consiguió posarse el helicóptero y, luego de asegurarlo con cabos y lonas, el barco se hizo a la mar abierta con rumbo suroeste, buscando la salida del Canal de Chacao por el sur del Golfo de Los Coronados, frente al Cabo de Huechucuicui. No entendíamos la razón del helicóptero, pero sí que el capitán Tanifuji tenía prisa. Capeaba un temporal de duración indefinida saliendo a alta mar, y al mismo tiempo avanzaba a toda máquina con rumbo sur. ¿Me sigue en la carta?

Lo seguía con toda mi atención. Mientras hablaba, la mano derecha del capitán Nilssen hacía navegar con rapidez el índice por la carta marítima, y me costaba memorizar los nombres de las islas, cabos, golfos y otros accidentes. Le pedí un descanso para familiarizarme con la carta, aceptó, y me dejó frente al pliego salpicado de miles de manchas verdes.

Antes de subir a cubierta, el capitán Nilssen me miró divertido.

–No es necesario que se aprenda la carta. Es imposible. Nadie es capaz de retener tantos nombres en la sesera. Antes de dejarlo le contaré una anécdota: un buen amigo mío, un navegante chilote que se merece el título de lobo de mar, trabajó durante muchos años como práctico en el Estrecho de Magallanes. El hombre tomaba el timón de cualquier barco y lo conducía sin problemas hacia el Pacífico o hacia el Atlántico. Pero mi amigo tenía el pecado de no haber estudiado jamás en una escuela naval y para colmo de sus males era socialista. Cuando vino el golpe militar del 73 y los milicos se adueñaron de todo, la gobernación marítima de Punta Arenas lo citó a rendir un examen para renovarle la licencia de práctico. Pues bien, mi amigo César Acosta y sus cuarenta años de experiencia se sentaron frente a un imbécil con grado de teniente de marina. El oficialito extendió una carta marítima del estrecho y le dijo: «Indíqueme dónde están los bancos de arena más peligrosos». Mi amigo se rascó la barba y le respondió: «Si usted sabe dónde están, lo felicito. Para navegar a mí me basta con saber dónde no están».

Poco antes del mediodía subí también a cubierta y encontré a los tres hombres tomando mate, sin preocuparse del horizonte nuboso que apenas ofrecía los contornos de la islas.

Dejamos atrás las islas Chauquenes, Tac, Apio, Chulín, y a las dos de la tarde recalamos en la ensenada de Puerto Chaitén para cargar combustible y disfrutar de un estupendo estofado de cordero perfumado con laurel y clavo de olor.

–Descansaremos una hora. Procure estirar las piernas y vaciar el cuerpo. Ahora viene un tramo difícil y no es agradable hacerlo en esta lata de sardinas. Unas cuantas millas más al sur y entraremos a Corcovado. ¿Sabe que tiene suerte? Siguiendo al *Nishin Maru* por esta misma ruta tuvimos un tiempo parecido –me indicó el capitán Nilssen en tanto el Socio consultaba a don Checho por sus deseos gastronómicos de la tarde.

Bahía de Corcovado se abre unas veinticinco millas al sur de Puerto Chaitén. En verano, y sin vientos, ofrece una superficie lisa que permite apreciar el fondo marino con una transparencia insuperable, pero en invierno y con aguas movidas del Pacífico abierto es un tramo endemoniadamente peligroso.

Unas cuarenta millas separan la bahía de la costa oriental de Chiloé. El punto más austral de Chiloé está separado del cabo norte del Archipiélago de las Guaitecas por un canal de otras treinta y tantas millas de ancho. Las fuertes corrientes del Pacífico entran por ese canal, pero en el medio de él chocan contra Isla Guafo y se dividen para reencontrarse con mayores bríos en el centro del canal, y así avanzan formando espantosos remolinos hasta azotarse contra Bahía de Corcovado, agrandándola con los siglos, quitándole volumen a los escarpados farallones del Ventisquero Corcovado que baja su mole de granito a pique hasta la mar.

Fue una travesía dura. Don Checho y el capitán Nilssen se turnaron al timón y yo luché por mantener mi estómago en algún lugar del cuerpo que no fueran los pies o la cabeza, mientras el Socio, con sus útiles de cocina bien sujetos a la hornilla mediante bandas de hule, se daba a los preparativos de la cena.

Creo que el *Pájaro loco* hizo en el aire la mayor parte del viaje. Tocaba el agua para volver a levantarse en medio de furiosos estampidos y quejidos de alarmada arboladura. A las cinco y media de la tarde ya estaba oscuro y, de pronto, milagrosamente, entramos a una ensenada de calma. Luego de dar un breve rodeo por el sureste de un islote, don Checho detuvo los motores y el Socio saltó a tierra.

Don Checho me habló por primera vez en todo el viaje.

–¿Se divirtió, paisano? Ahora estamos al sur de Isla Refugio. Se llama así porque las alturas de la cordillera de Melimoyu la protegen del viento. Por arriba está soplando puelche, pero va a caer unas doce millas al oeste. Socio, ¿qué se come?

El peón saludó la repentina locuacidad de su patrón con un eufórico: «¡Chupe de cholgas!».

Sentados en cubierta, cenamos un formidable budín de cholgas, mejillones grandes como una mano y de irresistible color rosado. Vino la sobremesa comentando los pormenores del viaje y me interesé por saber algo más de esos dos hombres. Hice un par de preguntas que respondieron con desganados monosílabos, y la conversación parecía no tener futuro hasta que me interesé por las características de los motores y dónde los habían adquirido.

Los dos soltaron una carcajada.

–¿Se lo cuento, jefe? –preguntó el Socio.

–Claro. Si anda con Nilssen, es de confianza. Pero sin exagerar, Socio. No le ponga demasiada caca.

–¡Ayayay, este jefazo mío! Mire. Antes teníamos un motorcito tísico que andaba cuando quería y no contábamos con medios para comprar otro. Un día, mejor dicho, una noche, Dios que es grande y quiere a su perraje nos mandó a la Alianza para el Progreso. ¿Le dice algo la palabra Unitas? Son unas maniobras navales que hacen los yanquis y los chilenos. Bueno, el caso es que una tormenta pilló a los gringos mientras jugaban a las invasiones en Bahía de Cucao, en la costa oeste de Chiloé, y dejaron botados dos lanchones de desembarco, de esos grandes con puente levadizo y todo. El jefe y yo los vimos y nos dijimos: «Puchas, que son generosos los gringos. Nos dejan estos motorcitos de regalo». Los desmontamos y aquí los tiene. Y pensar que hay gente mal agradecida que se queja de los gringos.

–Pero esos motores deben ser muy pesados, y el que ustedes tenían…

–Ya le dije que Dios quiere a su perraje. Casualmente andábamos en el *Finisterre* y en ese barco entra de todo.

El Socio terminó su relato y se entregó al lavado de platos y peroles. Sentado en cubierta, encendí un cigarrillo y sentí que empezaba a querer al *Finisterre*.

4

Con las primeras luces del 23 de junio dejamos atrás el atracadero natural de Isla Refugio y continuamos la navegación con rumbo sur.

Las aguas se presentaban tranquilas y cristalinas y, sin embargo, la radio informaba de fuertes vientos en la mar abierta. La temperatura no subía los dos grados al entrar a la boca norte del Canal de Moraleda. Por el este pasamos frente a las islas Tilo y Magdalena. Por el oeste, las Guaitecas, las Leucayec, las Chaffers, Carrao, Filomena, Huenahuec, Tránsito, Cuptana, Melchor y cientos de islotes anónimos, poblados por focas y aves marinas que contemplaban impasibles el paso del *Pájaro loco.*

–El 7 de junio navegábamos por aquí mismo –empezó diciendo el capitán Nilssen–. Habíamos localizado la frecuencia de radio del *Nishin Maru* y podíamos calcular que lo teníamos muy cerca. Sólo las islas nos separaban. El japonés navegaba a unas cien millas de la costa y ese dato nos dijo que el tiempo jugaba a nuestro favor. Para entrar al Golfo de Penas y buscar los escondites de las ballenas debería hacer primero un rodeo al oeste y luego al sur, esquivando los bancos de arena que rodean la Península de Taitao. Nosotros conocemos un atajo, ya lo verá, y nos disponíamos a esperarlo a la entrada norte del Canal de Messier, bloqueándola con el *Finisterre*. Pero Tanifuji venía mejor informado de lo que pensamos y es astuto como un zorro hambriento. Ya verá por qué lo afirmo, pero antes, aprovechando que estamos aquí, quiero mostrarle algo interesante, aunque no tiene nada que ver con nuestro viaje. Mire, aquella mancha verde que tenemos a babor es la costa norte de Isla Melchor, separada de Isla Victoria por un canal de escasos metros de ancho y poco calado. Ese canal sin nombre va a dar a una ensenada frente a las islas Kent y Dring, por el oeste, y era un buen refugio para los bucaneros del pasado. Mi padre navegó por ese canal y a él se deben las mediciones de profundidad que aparecen en las cartas. Es muy posible que en aquella ensenada comenzara la leyenda del barco fantasma, del *Caleuche*, aunque la nave tuviera originalmente otro nombre: *Cacafuego*.

–¿*Cacafuego*? Es la primera vez que escucho ese nombre.

–No me extraña. Su primer capitán se llamó Alonso de Méndez y duró tres semanas en el cargo. Murió colgado del palo mayor por orden de su segundo capitán, Francis Drake.

–¿El Corsario?

–El mismo. Sir Francis Drake. En 1577, Francis Drake atravesó el Estrecho de Magallanes con una flota de siete bergantines. Uno sólo, el *Golden Hind,* sobrevivió a la travesía, y con él avanzó Drake hacia el norte saqueando algunas ciudades chilenas y más tarde del Perú. En el Callao tuvo la fortuna de topar con el *Cacafuego,* nave construida en astilleros del nuevo mundo, mal defendida, pero excelente para la carga. El *Cacafuego* transportaba un gran cargamento de oro y plata, tan grande, que Drake no pudo trasbordarlo al *Golden Hind* y hundir luego la nave de bandera española.

»El corsario se vio enfrentado a un dilema: o arrastraba el pesado *Cacafuego* como un lastre hacia el norte, en busca de nuevos botines y, sobre todo, de un par de buenas naves que le permitieran trasbordar los metales preciosos, o dejaba el barco cautivo al mando de un hombre de absoluta confianza. Optó por lo segundo y nombró capitán del *Cacafuego* a Williams O'Barrey, un sanguinario irlandés con la cabeza puesta a precio por la Liga Hanseática.

»Era el invierno de 1577. Drake sabía que ninguna nave española vendría desde el sur, y así se lanzó a todo trapo con rumbo norte, esperando sorprender nuevas embarcaciones españolas en la desembocadura del río Guayas. O'Barrey quedó al mando de una tripulación de treinta hombres y sus instrucciones fueron esperar el regreso de Drake.

»Por esos tiempos existían sólo dos motivos que llevaban a los corsarios al motín: exceso de hambre o exceso de oro. El segundo impulsó al irlandés a la desobediencia, y, en julio de ese año, desplegó el velamen con rumbo sur y con el barco cargado hasta los topes. En tres meses O'Barrey consiguió hacer dos mil quinientas millas, y en octubre de ese año un fuerte temporal lo sorprendió muy cerca de donde estamos, casi frente a Isla Lemu.

»La nave, cargada en demasía, no le permitió hacerse a la mar abierta para capear el temporal y buscó refugio en la ensenada que forman las islas Melchor, Victoria y Dring. Ojalá nunca lo hubiera hecho, pues al amainar el temporal descubrió tres naves de la armada española bloqueándole la salida. Había tardado demasiado en su intentona de alcanzar el Estrecho de Magallanes. El *Cacafuego* no contaba con más que dos cañones y los mosquetes de la tripulación para defenderse. Las naves españolas, por el contrario, estaban bien artilladas y los corsarios sabían que les esperaba la horca. O'Barrey, en un arrebato de optimismo, creyó encontrar indulgencia en los sitiadores a cambio de entregarles el botín, pero sus hombres no le perdonaron la cobardía y lo colgaron del mismo palo en el que antes colgaran al infortunado capitán Méndez.

»Al anochecer, una espesa niebla se abatió sobre la ensenada y los sitiadores no percibieron la maniobra evasiva del *Cacafuego*.

»Los corsarios navegaron cinco millas al sur de la ensenada y por un estrechísimo paso que separa las islas Victoria y Dring salieron a las aguas del canal que ahora se conoce como Darwin. Eran excelentes navegantes aquellos corsarios, y su timonel debió de ser un tipo que pensaba con las manos. La niebla debió de cubrir el litoral por varios días, de otro modo no se explica que los sitiadores tardaran cuatro jornadas en descubrir la nave fugitiva noventa millas al sur, a la entrada del Golfo de Peñas, así se llamó hasta que los cartógrafos ingleses eliminaron la letra eñe.

»Los españoles pudieron atacar a los corsarios en el golfo, pero no lo hicieron tal vez para evitar que los asediados hundieran la nave. Al colgar al capitán O'Barrey se habían mostrado dispuestos a todo menos a entregarse, y les permitieron entrar en el Canal de Messier. Los españoles desconocían los canales. Nunca les interesaron, como tampoco les interesaron las tierras del sur del mundo, quién sabe si atemorizados por las descripciones de monstruos y seres de pesadilla que supuestamente habitaban las islas. La única vez que los españoles mostraron interés por estos lugares fue cuando Francisco de Toledo ordenó la conquista de Trapananda, palabra que hasta ahora es un misterio, y movido nada más que por la hipotética riqueza de la Fabulosa Ciudad Perdida de los Césares. Los dejaron entrar en el Canal de Messier y esperaron a que el hambre y la desesperación les hicieran salir a la mar abierta.

»Para asegurarse de no perderlos nuevamente se dividieron el patrullaje litoral. Una nave quedó en el Golfo de Penas, a la entrada norte del canal. Otra avanzó cien millas al sur hasta la salida del Canal Dinley, y la última se apostó entre Isla Madre de Dios y Bahía Salvación.

»Fue una maniobra bien pensada: los corsarios tendrían que salir alguna vez, y si pretendían hacer por los canales las quinientas millas que los separaban del Estrecho de Magallanes, la nave apostada frente a Bahía Salvación los vería y podría bloquearles el paso.

»La espera se prolongó catorce meses y el *Cacafuego* no dio señales de vida, hasta que los sitiadores, reforzados por otras cuatro naves, se lanzaron a la búsqueda por los canales. Nunca los encontraron. Nadie sabe si el *Cacafuego* alcanzó alguna vez la mar abierta, pero hay cientos de leyendas de onas, yaganes y alacalufes que hablan de individuos rubios desembarcando oro en las islas para aligerar el barco. Y las leyendas dicen que los tripulantes vaciaban las bodegas, mas al regresar a bordo las encontraban nuevamente llenas. También son muchos los isleños que juran haber visto un barco que con las velas hechas jirones navegaba pesadamente, y entre las brumas se escuchaban los lamentos de sus tripulantes que imploraban por la libertad de la mar abierta.

»Yo he conocido a algunos marinos como el viejo Eznaola, un vasco de Puerto Chaitén, que todavía sale con su cúter embanderado con gallardetes de amnistía para poner fin a la maldición del pirata O'Barrey y sacar a esos pobres diablos del encierro.

»Tal vez el *Cacafuego* sea el *Caleuche*. Y, si no, ¿qué importa? En estas aguas hay espacio para muchos barcos fantasmas...

Al anochecer torcimos al este de Isla Victoria para tomar el Paso del Medio, al norte de Isla Quemada, y entramos al Gran Fiordo de Aysén.

Navegando cuarenta millas por el fiordo, continente adentro, se llega a Puerto Chacabuco, y a las ciudades ganaderas de Aysén y Coyaique, capital de La Patagonia. Pero el *Pájaro loco* atracó en Caleta Oscura, a la entrada del fiordo.

El Socio nos repuso de la jornada con una suculenta cazuela de mariscos y algas, y luego de la cena el capitán Nilssen me indicó que todavía nos faltaban unas horas de navegación para llegar hasta el *Finisterre*.

–Unas horas y algo más. Palabra que olvidé preguntarle, ¿sabe montar?

–Sí. Aunque nunca he destacado como jinete.

–No importa. Son unos setenta kilómetros por terreno escarpado. Pero no se asuste. El culo es la parte del cuerpo que más pronto olvida los malos tratos.

5

A las cinco de la mañana del 24 de junio dejamos Caleta Oscura y nos adentramos por el Canal Costa con rumbo sur.

Navegamos casi en línea recta, casi sin tocar el timón por una senda de una milla de ancho. Al oeste teníamos Isla Traiguén y al este los hielos de la Cordillera de Hudson.

Treinta millas más al sur, y teniendo como punto referencial este Isla Simpson, entramos al Fiordo Elefantes, bordeado en su orilla oriental por los imponentes nevados de la Cordillera de San Valentín, que alza sus cuatro mil metros de soledad afilada por los vientos. En el centro del fiordo, y moviéndose con delicadeza por sus aguas mansas, vimos varias docenas de delfines cruzados, hermosos animales de piel oscurísima, veteados con pinceladas de plata a los costados.

Se acercaron al *Pájaro loco* con la naturalidad de quien saluda a un viejo conocido y agradecieron los pescados que les lanzó el Socio con graciosos saltos. Saetas de noche y plata suspendiendo sus dos metros en el aire, sumergiéndose y emergiendo junto a la nave, diciéndonos algo indescifrable con sus bocas menudas de dientes ambarinos.

Don Checho dio un toque de timón para acercar el *Pájaro loco* a la escarpada y verde costa occidental. Navegábamos frente a la Península de Sisquelán y pocas millas más al sur encontraríamos la infranqueable barrera helada de los ventisqueros de la Laguna de San Rafael.

El aire nos anunciaba la presencia de los hielos eternos, de las seiscientas mil hectáreas de glaciares que empiezan en el extremo sur del Fiordo Elefantes y donde hasta hace apenas un siglo se reunían los chonos, los alacalufes, los onas y los chilotes para faenar alguna ballena varada, para intercambiar pieles, cazar focas, elefantes marinos, saldar viejas cuentas con la vida y la muerte, y para que los dioses marinos preñaran a las vírgenes y llenaran las cabezas de los mocetones con promesas de dichas y placeres.

Un inglés pasó por estos lugares y los miró sin entender nada. Escribió: «Tristes soledades donde la muerte más que la vida parece reinar soberanamente». No entendió nada y por eso mintió como buen inglés. Se llamaba Charles Darwin.

–Lo que vemos no es normal –indicó el capitán Nilssen.

–Los cruzados son delfines de mar abierta. Estos se ocultan en el fiordo y no dejan de ser amistosos. Tal vez captan que no somos enemi-

124

gos. Quién sabe. A veces los delfines me parecen mucho más sensibles que los seres humanos, y más inteligentes. Son la única especie animal que no acepta jerarquías. Son los ácratas de la mar.

Los delfines continuaron saltando hasta que tocamos tierra. Es posible que su ser amistoso sea más fuerte que el instinto de conservación.

Atracamos en un muelle natural formado por rocas planas. El espectáculo de los delfines me impidió ver al hombre que nos esperaba envuelto en un grueso poncho de Castilla, y resultaba difícil ignorarlo porque Pedro Chico era enorme.

Pude apreciar su estatura cuando se acercó a saludar al capitán Nilssen.

–¿Es el hombre que escribe? –preguntó.

Nilssen hizo las presentaciones y el gigante me tendió su mano abierta.

Luego de comer un reponedor guiso de algas, luche y cochayuyo, nos despedimos de don Checho y el Socio. Creo que siempre extrañaré sus platos preparados ignorando el oleaje y el viento, o tal vez usándolos como un condimento más.

El *Pájaro loco* zarpó con rumbo norte, y Pedro Chico nos llevó hasta los caballos, tres matungos peludos que echaban vapor por los hocicos y no se dejaban montar con mucho gusto. También nos entregó espuelas de rodaja ancha y ponchos de Castilla, y empezamos la cabalgata.

El cielo se despejó y así disfrutamos de un panorama de cordilleras bajas, lagunas de agua dulce, riachuelos, bosques y grutas en las que tal vez se encuentran los tesoros del *Cacafuego*. Muy pronto cayó la noche y continuamos cabalgando bajo una nube de estrellas que se repetían y multiplicaban reflejadas en los glaciares y en los muros del Ventisquero de San Valentín, barrera infranqueable que corta la Península de Taitao.

Taitao se interna unas ochenta millas en el Pacífico. En su extremo más sudoccidental se estrecha en una delgada franja, que vista en el mapa parece una boca aflautada soplando hacia el continente para formar la burbuja verde de la Península de Tres Montes y las burbujitas menores de Islas Crosslet.

Aunque hacía sólo dos grados bajo cero, la noche diáfana y la cercana presencia del Ventisquero de San Quintín con sus agujas de hielo pulidas por los vientos, nos decían que al otro lado de la península empezaban los territorios del fin del mundo, aquéllos donde el hombre no es más que una porfiada voluntad enfrentada a los caprichos y humores de los elementos. Siempre cabalgamos al trote o al paso, e íbamos tan abrigados bajo los ponchos de Castilla que ninguno pensaba en un alto para no perder calor, hasta que, al filo de la madrugada, Pedro Chico impuso el derecho de los matungos a una pausa.

Mientras los caballos disputaban con la escarcha briznas de pasto, Pedro Chico preparó un desayuno de arrieros, pan, charqui y mate, que me supo a gloria en aquellos parajes.

A las once de la mañana del 25 de junio divisamos las aguas tranquilas como un espejo de Bahía de San Quintín, encerrada por el sur por el abrazo de otra península, apéndice de la de Taitao; la de Forelius.

Ahí nos esperaban dos jinetes inmóviles sobre sus cabalgaduras. Eran los hermanos Eznaola, amigos de Nilssen, hijos del navegante vasco que hasta hoy intenta liberar de la maldición a los tripulantes del barco fantasma y dueños de los matungos que montábamos.

Se los llevarían de regreso hasta su estancia, La Bien Querida, cabalgando unos doscientos cincuenta kilómetros hacia el este, cruzando ventisqueros y cordilleras hasta alcanzar las riberas de Lago Cochrane en la frontera con Argentina.

Junto a los Eznaola, hombres dados al silencio, hicimos los siguientes kilómetros hasta arribar al Golfo de San Esteban. Allí estaba el cúter, meciéndose, nervioso por ganas de zarpar.

6

El *Finisterre* era un barco de líneas delicadas. Había imaginado un cúter a la inglesa, con varias velas al tercio y un conveniente número de foques, pero tenía frente a mí una embarcación de una sola vela, anidada en una verga izable y un petifoque pegado al estay.

Estaba pintado de verde, y las junturas del maderamen enseñaban el calafate colocado por manos diligentes, sin hilachas. El agua transparente del golfo dejaba ver parte de la quilla libre de escoria, y el capitán Nilssen me invitó a subir a bordo.

Los doce metros de eslora por cuatro de manga eran un monumento a la sobriedad. El timón estaba a metro y medio de popa y desprovisto de castillo. A un costado, como un centinela, se alzaba la base de bronce bien pulido del compás, y dos anillos de yute firmemente unidos a cubierta indicaban dónde ponía los pies el timonel durante las travesías movidas.

En popa colgaba la panga capaz de llevar a cuatro personas, con los remos cortos descansando sobre el vientre. A dos metros de proa estaba la escotilla de corredera que me enseñó la intimidad del *Finisterre*.

La poderosa arboladura se notaba pulida con esmero. Cerca de proa se ordenaban los aparejos y herramientas. Al centro, dos literas y una mesa. A un costado se afirmaba la radio, y hacia popa estaba el motor, la bomba de achique, dos tambores de combustible y el encadenado del timón bajando hacia la quilla por dos entradas de metal recauchado.

Nos despedimos de los Eznaola, y Pedro Chico se valió de la barra para alejar la nave de la orilla. Desplegó enseguida el petifoque, y el barco se movió con delicada rapidez. Así hicimos las primeras millas con rumbo sur, siempre sur, y, cuando el capitán Nilssen izó la vela al tercio, entrábamos al Golfo de Penas.

–Tome el timón. Sin miedo. Se está acercando al fin del misterio, y yo necesito indicar ciertos puntos en la carta para que entienda mejor todo cuanto verá. Pedro Chico no es tan buen cocinero como el Socio, pero tirando lenguados a la barbacoa es insuperable. ¿Comió alguna vez lenguado envuelto en sal? Prepárese para algo bueno y ponga atención a lo que voy a decirle.

»¿Ve la mancha a babor? Es Isla Javier. Detrás está el Canal Chear y una serie de fiordos que se internan hasta veinte millas continente adentro. La mañana del 8 de junio empezamos a recibir un viento huracanado del suroeste de más de cuarenta nudos que nos impidió hacer la maniobra planeada, es decir, ganar el centro del Golfo de Penas y entrar a todo trapo en la boca norte del Canal de Messier. Pensábamos fondear ocultos en el Paso del Suroeste, que une el canal con la mar abierta separando las islas Byron y Juan Stuven. Desde esa posición nos hubiera resultado fácil bloquearle el paso al japonés, pero el maldito viento soplaba cada vez con mayor fuerza y nos obligó a buscar amparo en el Canal Chear.

»A eso del mediodía el golfo tenía olas de tres metros, y parece que el capitán Tanifuji menospreció el nombre del lugar por donde navegaba. La ventolera y el oleaje lo obligaron también a buscar refugio y vimos al *Nishin Maru* apareciendo por la entrada sur del Canal Chear.

»Nos separaba algo menos de media milla. Nosotros podíamos distinguir entera la silueta del *Nishin Maru*, pero ellos nos veían sólo parcialmente. Al oscurecer, nos perdieron de vista por completo y entonces nos buscaron con la radio, por la frecuencia de la capitanía de Punta Arenas. El radio operador, en un castellano chapucero, nos preguntó si estábamos en apuros. Respondimos que no, agregando que éramos marisqueros sorprendidos por el temporal. Luego de una larga pausa buscaron de nuevo contacto, esta vez para decirnos que hablábamos con una nave de la Armada, que estábamos en zona de maniobras navales, y nos ordenaron zarpar hacia el norte. Contestamos que conforme, y nos pasamos la noche observando las luces del *Nishin Maru* en el horizonte sur.

»Al amanecer la ventolera había declinado algo, pero su componente no varió: seguía soplando desde el sur. El Canal de Messier lo disparaba como un chorro de odio sobre nosotros. Para salir de allí bordeamos la costa norte de Isla Javier y, cortando las olas casi de lado, ganamos el oeste del golfo. Pasada Punta Anita, recibimos los buenos vientos del Pacífico, vientos que soplan de oeste a noreste, y pusimos el barco a todo trapo para cruzar en diagonal el golfo. Lo conseguimos a fuerza de casi romper el timón, sabíamos que le llevábamos varias millas de ventaja al *Nishin Maru*, mas, al pasar frente al Canal de Messier, a unas treinta millas de la boca norte, el condenado viento nos arrojó contra la Boca de Canales, la entrada a un laberinto de fiordos que se meten en el continente hasta cien millas adentro, fiordos comunicados por pasos muy estrechos y que muy pocos hombres conocen. Mi padre fue uno de ellos, y Pedro Chico es capaz de encontrarlos con los ojos cerrados. Allí nos quedamos. No podíamos hacer otra cosa más que esperar a que el viento amainara. Estábamos a veinte millas de la Boca Norte del Canal de Messier.

»Desde ese punto vimos aparecer al *Nishin Maru* por el centro del golfo. Iba a toda máquina en pos del canal. No podíamos competir en esa carrera y vimos que lo alcanzaba bordeando la Península de Larenas.

»Tanifuji conocía muy bien su destino y su ruta: haría las primeras quince millas por el Canal de Messier con rumbo sur, luego treinta y cinco al suroeste por el Canal de Swett, entraría al Estrecho Baker por donde seguiría veinte millas en línea recta con rumbo este para desembocar finalmente en Gran Ensenada Sin Nombre, a la que encierran el continente y las islas Videnau, Alberto y Merino Jarpa. En esa ensenada hay más de cincuenta fiordos y en ellos se refugiaban varios grupos de ballenas calderón.

»Nosotros plegamos los trapos y entramos a motor por Boca de Canales.

»El primer tramo no es difícil. Durante las primeras cuarenta millas el *Finisterre* sortea bien los recodos y los arrecifes, pero luego vienen los bancos de algas, y las aspas amenazan a cada rato con detenerse. Así y todo, al atardecer, ganamos la entrada del Canal Troya, que separa las islas Alberto y Merino Jarpa, y reencontramos al *Nishin Maru* en Gran Ensenada Sin Nombre.

»Había muy poca luz, pero nos bastó para conocer el estilo de caza del capitán Tanifuji. ¿Escuchó hablar alguna vez de la caza de caballos a la australiana? Es muy sencillo: en helicópteros buscan las manadas de caballos salvajes y esperan la llegada de la noche. Entonces, con poderosos re-

133

flectores los enloquecen de miedo, los caballos corren en círculos, sin alejarse, y los cazadores los ametrallan desde el aire.

»Por eso esperó Tanifuji el helicóptero en Corcovado. Y allí, en Gran Ensenada, ametrallaba ballenas que acudían curiosas a la llamada de los reflectores.

»Al amanecer, los japoneses seguían subiendo ballenas muertas a bordo. Los vimos izar unas veinte, una tras otra, y habían trabajado toda la noche sin descanso, por lo que es imposible saber cuántas mataron. El agua de la ensenada hedía a sangre y por todas partes flotaban restos de piel.

»Sentí que llegaba al final de un largo viaje. Ya no me quedaban infamias por ver. Pensé en desembarcar a Pedro Chico y enseguida lanzarme con el *Finisterre* a todo dar contra la sala de máquinas del *Nishin Maru*. Llevo quinientos litros de combustible a bordo, y eso hace una buena molotov. Pedro leyó mis pensamientos y por segunda vez me habló como un extraño: "No, patrón. Yo soy más de estas aguas que usted". Y botó la panga.

»Lo vi remar rumbo al *Nishin Maru* y, cuando lo alcanzó, los tripulantes empezaron a lanzarle basuras, latas, desperdicios que Pedro les devolvía sin llegar a tocarlos. Enseguida comenzaron a hostigarlo con un chorro de agua. Los japoneses reían mientras lo bañaban, y Pedro se concentraba en mantener a flote la panga.

»Yo no sabía, no podía imaginar qué se proponía al mantenerse pegado junto al *Nishin Maru* mientras los tripulantes hasta se orinaban encima de él, y lo que ocurrió a continuación lo verá usted mañana, pero sería estúpido si no se lo cuento ahora.

»En un momento determinado, cuando otras dos mangueras se habían agregado al jolgorio y Pedro casi no lograba mantenerse a flote, junto a la panga emergió la espalda de una ballena calderón que con todo cuidado empujó a Pedro y su embarcación hasta alejarlos del barco. Entonces, obedeciendo a una llamada que ningún otro hombre ha escuchado en la mar, una llamada tan aguda que estremecía los tímpanos, treinta, cincuenta, cien, una multitud de ballenas y delfines nadaron veloces hasta casi tocar la costa, para volver con mayor velocidad aún y estrellar sus cabezas contra el barco.

»Sin importarles que en cada ataque muchos de ellos morían con las cabezas reventadas, los cetáceos repitieron los ataques hasta que el *Nishin Maru*, empujado contra la costa, amenazó con encallar. Lo llevaron muy cerca de los arrecifes y había pánico a bordo. Algunos tripulantes insensatos botaron botes salvavidas que en cuanto tocaban el agua eran destrozados a coletazos. A otros los vi caer al agua durante las embestidas. De pronto se declaró un incendio a bordo, el helicóptero ardió en la cubierta de popa, y Tanifuji dio la orden de alejarse a toda máquina, sin preocuparse por la suerte de los tripulantes que todavía se movían en el agua y que fueron implacablemente destrozados por las ballenas y los delfines.

»¿Le cuesta creer todo esto? Desde luego es increíble, pero mañana verá con sus propios ojos el lugar y los restos de la batalla. Le advertí que la historia era increíble, como también lo es el que dejaran marchar al *Nishin Maru* cuando lo tenían a punto de encallar, y que empujaran la panga con Pedro a bordo hasta el *Finisterre* sin siquiera rozarlo.

»Y ahora déjeme el timón. ¿Sabe que no lo hace mal? Usted no lo sujeta con las manos; lo siente en ellas, y ése es el secreto de los buenos timoneles. Prepárese para algo bueno. Pedro Chico tiene listos los lenguados.

7

Aquella noche, anclados a la entrada del Estrecho Baker, no pude conciliar el sueño. Hasta mi memoria llegaban todas las historias marinas que había leído en mi vida y se confundían con el relato del capitán Nilssen.

Bien abrigado, subí a cubierta. El caprichoso invierno austral me ofrecía una noche incomparable. Las miles de estrellas parecían estar al alcance de la mano, y la visión de la Cruz del Sur indicando los confines polares me llenó de emoción, de una fuerza y una convicción desconocidas. Por fin sentía que yo también era de alguna parte. Por fin sentía la llamada más poderosa que la invitación de la tribu, ésa que uno escucha o cree escuchar, o se la inventa como un paliativo de la soledad. Allí, en aquella mar serena pero jamás en calma, sobre aquella silenciosa bestia que tensaba los músculos preparándose para el abrazo polar, bajo los miles de estrellas que testimoniaban la frágil y efímera existencia humana, supe por fin que era de allí, que, aunque faltara, llevaría siempre conmigo los elementos de aquella paz terrible y violenta, precursora de todos los milagros y de todas las catástrofes.

Aquella noche, sentado en la cubierta del *Finisterre,* lloré sin darme cuenta. Y no era por las ballenas.

Lloré porque estaba de nuevo en casa.

El 26 de junio amaneció sin nubes y la temperatura bajó con violencia: ocho grados bajo cero.

Las aguas de Gran Ensenada Sin Nombre ofrecían una quietud plana, y el *Finisterre* navegando al petifoque les abría una delicada cicatriz.

De pronto, Pedro Chico me remeció por un hombro indicándome un voluminoso cuerpo que emergía por estribor, y por primera vez en mi vida presencié los vigorosos saltos de una ballena calderón.

El cetáceo suspendía sus seis metros en el aire, se sumergía por el lado de estribor, y a los pocos minutos reaparecía por el lado de babor repitiendo su prodigiosa gimnasia. La ballena nos escoltó durante dos horas hasta que arribamos al lugar de la batalla, como decía el capitán Nilssen.

Aún flotaban restos de piel negra, jirones azabaches de varios metros de longitud, como restos de naufragios devorados por los peces que asomaban las cabezas a la superficie.

En la costa de Isla Alberto se congregaban miles de aves marinas y rapaces venidas desde las pampas patagónicas. Daban cuenta de los restos de la carnicería. Se podía distinguir con nitidez las osamentas de muchas ballenas y otras menores, acaso de delfines o de los infortunados tripulantes del *Nishin Maru*.

Recordé que llevaba una cámara fotográfica. Consulté al capitán Nilssen si podía hacer unas tomas, y me respondió con voz cansada:

—Eso lo debe decidir usted.

Pedro Chico me miraba. Recién descubrí que el gigante tenía unos ojos azules intensos y que, al volver la vista a la mar cubierta de despojos, una expresión de infinito dolor se apropiaba de su semblante. Guardé la cámara.

—Pedro, ¿usted se explica por qué lo ayudaron las ballenas y por qué no se defendieron antes?

Pedro Chico respondió sin apartar la vista de la mar.

—Por mi patrón sabrá que soy alacalufe. Nací en la mar y sé que hay cosas que no pueden explicarse. Son, no más. Mi gente, los pocos que quedan, aseguran que las ballenas no saben defenderse y que son los únicos animales compasivos. Cuando boté la panga y remé hacia el ballenero sabía que los tripulantes me atacarían y que las ballenas, al verme indefenso, atacado por un animal mayor, no vacilarían en acudir en mi defensa. Así ocurrió. Tuvieron compasión de mí.

—¿Y qué pasará con las ballenas que quedan?

—Se irán. La calderón que nos escoltó es un macho expedicionario. Buscarán otras ensenadas, otros fiordos por el sur, cada vez más al sur, hasta que se les acabe el mundo –terminó Pedro Chico moviendo con suavidad el timón.

–Bueno. Ya lo vio. Puede escribir lo que quiera –dijo el capitán Nilssen y agregó–: No olvide mencionar el *Finisterre*. Los barcos que han conocido el sabor de la aventura se enamoran de los mares de tinta y navegan a gusto en el papel.

Epílogo

El 6 de julio regresamos a Hamburgo. Digo regresamos porque Sarita vino conmigo.

Con una pierna escayolada y una faja ortopédica rodeándole el vientre se acomodaba en el avión sin cesar de consultarme por lo que había visto en los canales.

Luego de un rápido crucero de regreso, el *Finisterre* nos dejó en Puerto Chacabuco, al final del Gran Fiordo de Aysén, donde los amigos del capitán Nilssen tenían a Sarita a salvo de cualquier amenaza.

Desde Puerto Chacabuco nos llevaron a Coyaique, y desde allí a Balmaceda, en la frontera con Argentina, para tomar un avión que nos llevó hasta Santiago.

Habían pasado escasos días desde que me despidiera del capitán Nilssen, de Pedro Chico, del *Finisterre* y, sin embargo, aparecían muy lejanos en mi memoria cuando volábamos atravesando el cono sur de América.

–¿Que hará, capitán?

–Mientras el *Finisterre* se mantenga a flote, navegar. Dígales a los de Greenpeace que cuenten con él. Es un buen barco.

–Y tiene la mejor tripulación imaginable.

–Se hace lo que se puede, ¿verdad, Pedro?

–Capitán, no sé si volveremos a vernos. Tampoco sé si escribiré algo acerca de lo que vi. Antes de salir de Hamburgo, los de Greenpeace me dieron esta insignia. Es el emblema de la organización. Pienso que se verá bien en el mástil del *Finisterre*.

–Gracias. Nosotros también tenemos un regalo para usted, bueno, para su hijo. Él le pidió una concha para oír su mar, ¿verdad?

–Capitán... Pedro...

–Buen viaje...

Santiago, Buenos Aires, Río de Janeiro. El Atlántico bajo capas de espuma blanca.

–Anda, hamburgueño postizo, dime en qué piensas.

–En la clínica a que te llevaremos. Ya verás como en poco tiempo puedes jugar al tenis. Y en los litros de cerveza que te haremos beber.

–No vas a escribir nada, ¿verdad? Todo quedará en ti como un gran secreto. Lo que sea que hayas visto te ha dicho que también eres de allá, y ese «ser de allá» es un voto de silencio.

–No sé si voy a escribir algo. Pero a ti, a los de Greenpeace y a mis socios les contaré una historia, una sola vez, y ustedes decidirán si la creen o no. Y en cuanto a ser de allá, sí, nunca estuve más seguro. Pienso en ciertas palabras del capitán Nilssen. Al hablarme de su vida, se refirió a un barco que ya no existe como lo más cercano a la idea de una patria...

Veinte horas más tarde, Europa.

Sarita dormía plácidamente, a salvo de cualquier amenaza, y yo pensaba en el reencuentro con mis hijos. Imaginaba el gesto con que el mayor recibiría la bellísima concha que me obsequiaran Nilssen y Pedro Chico.

Era una concha de loco. Un molusco gigante que sólo existe en los mares australes. La saqué del bolso y me acomodé con ella pegada al oído. Sí, sin duda, aquél era el violento eco de mi mar. El vozarrón áspero y seco de mi mar. El tono eternamente trágico de mi mar.

Tal vez el hecho de pensar en mis hijos me llevó a fijarme en el chico que se sentaba en la misma fila, separado de mí por el pasillo. Tendría unos trece años y leía concentradísimo, con el ceño fruncido por el fragor de la aventura.

Me incliné como un intruso desvergonzado para ver la tapa del libro.

El chico leía *Moby Dick*.

MAXI
TUSQUETS
EDITORES

Últimos títulos